新唐書

宋 歐陽修 宋 祁 撰

第八册

卷七一下至卷七二上（表）

中華書局

唐書卷七十一下

表第十一下

宰相世系一下

蕭氏出自姬姓，帝嚳之後。商帝乙庶子微子，周封爲宋公，弟仲衍八世孫戴公生子衎，字樂父，裔孫大心平南宮長萬有功，封於蕭，以爲附庸，今徐州蕭縣是也，子孫因以爲氏。其後楚滅蕭，裔孫不疑爲楚相春申君上客，世居豐沛。漢有丞相酇文終侯何，二子：遺、則〔一〕。則生彪，字伯文，諫議大夫、侍中，以事始徙蘭陵丞縣。生章，公府掾。章生仰，字惠高，生晧。晧生望之，御史大夫，徙杜陵。生育，光祿大夫。生紹，御史中丞，復還蘭陵。生閎，光祿勳。閎生闡，濟陰太守。闡生冰，吳郡太守。冰生苞，後漢中山相。生周，博士。周生蟜，虵丘長。蟜生逵，州從事。逵生休，孝廉。休生豹，廣陵郡丞。豹生裔，太中大夫。生整，字公齊，晉淮南令，過江居南蘭陵武進之東城里。三子：儁、鎋、烈。苞九世孫卓，字子略，洮陽令，女爲宋高祖繼母，號皇舅房。卓生源之，字君流，徐、兗二州刺史，襲封陽縣侯。生思話，郢州都督，封陽穆侯。六子：惠開、惠明、惠基、惠休、惠朗、惠蒨。惠蒨，齊左戶尚書。生介。

介字茂鏡，梁侍中。	引字叔休，陳吏部侍郎。	德言，祕書少監。	沈，太子洗馬。	安節，兵曹參軍。	至忠，相中宗、睿宗。	衡。
						衍。
						隨。
					元嘉，諫議大夫。	
					廣徵，工部員外郎。	

齊梁房：整第二子鍇，濟陰太守。生副子，州治中從事。生道賜，宋南臺治中侍御史。三子：尙之、順之、崇之。順之字文緯，齊丹楊尹、臨湘懿侯。十子：懿、敷、衍、暢、融、宏、偉、秀、憺、恢。衍，梁高祖武皇帝也，號齊梁房。懿字元達，長沙宣武王。七子：業、藻、象、猷、朗、軌、明。明字靖通，梁貞陽侯，曾孫文憬。

文憬，湖州司馬。				
元祚，萍鄉侯。				
誠，司勳員外郎。	諒，汝州刺史。			
	直，給事中。			
	筞，檢校員外郎。	節。	革，邵州刺史。	
			嶰字應之。	鄴字啓之，相宣宗。
			說字僧弼。	晏字季平。

滉字文度。

昌字光祥。

黯字中蘊。

曙字象文。

峴。

翥字文舉。

元禮，湘州刺史。

識，虢州刺史。

湲，鄂州刺史。	詮，大理評事。	纂。

梁高祖武皇帝八子：統、綱、續、繹、綜、績、綸、紀。統，昭明太子。綱，簡文皇帝也。統五子：歡、譽、詧、警、譼。

歡字孟孫，豫章安王。	詧，後梁宣帝。	
	巋，後梁明帝。	
	琮，隋莒國公。	璟，祕書監。
	鉉，集州刺史。	
崇望，洛陽令。		

瑑，晉陵王。		珣，南海王。			
欽，貝州刺史。		鉦。		鈞，太子率更令。	
昉。	昭。	嗣德，銀州刺史。	嗣業，鴻臚少卿、琅邪郡公。	灌字玄茂，渝州長史。	
				仲豫，絳州刺史。	
		煒。	希諒，黔州都督。	賁，侍御史。	孚，均州刺史。

				嵩，相玄宗。
晉，汾州刺史。				華，相肅宗。
遇，國子司業。	顒，東川行軍司馬，兼御史大夫。		異，起居舍人。	恆，殿中侍御史。
	澣，字明文。	泳。		俛，字思謙，相穆宗。

悟，大理司直。			
倣字思道，相僖宗。			俶。
廙字富侯，給事中。			庸字應之。
須字子登。	益，商州團練推官。	頗字子光，度支巡官。	
愿字文恭。			

				衡，太僕卿、駙馬都尉。
巽。			復字履初，相德宗。	戩。
		湛。	儉。	
	宥。	寅，相懿宗。	騫字鵬舉。	
	邁字昌聖。	遘字得聖，相僖宗。		

	瑀字時文，相高祖。					
	銳，駙馬都尉、太常卿。					
守道。	守業，衢州刺史。					
籍，襄州刺史。						
	建，黔中觀察使。					
		鼎，蜀州別駕。				升，太僕卿、駙馬都尉。
			偲。	儒。	佩。	位。

			岌。	巖安平王。
	鍇，虞部郎中。	鉞，給事中。		
守規。		恕，虢州刺史。		
沔，劍南西川行軍司馬，兼御史中丞。		定字梅臣，太常卿。		隱之，刑部侍郎。

岑，吳王。		
瓚。	球。	瑁。
文朗，祕書少監。	縉，衢州刺史。	
		憲，亳州刺史。

蕭氏定著二房：一曰皇舅房，二曰齊梁房。宰相十人。皇舅房有至忠；齊梁房有鄴、嵩、華、俛、倣、復、寘、遘、瑀。

竇氏出自姒姓，夏后氏帝相失國，其妃有仍氏女方娠，逃出自竇，奔歸有仍氏，生子曰少康。少康二子：曰杼，曰龍，留居有仍，遂爲竇氏。龍六十九世孫鳴犢，爲晉大夫，葬常山。及六卿分晉，竇氏遂居平陽。鳴犢生仲，仲生臨，臨生亶，亶生陽，陽生庚，庚生誦，二子：世、扈。世生嬰，漢丞相魏其侯也。扈二子：經、充。經，秦大將軍，生甫，漢孝文皇后之兄也。充，避秦之難，徙居清河，漢贈安成侯，葬觀津。二子：長君、廣國。廣國字少君，章武景侯。二子：定、誼。誼生賞，襲章武侯，宣帝時，以吏二千石徙扶風平陵。二子：壽、邕。壽，護羌校尉，燉煌南竇祖也。邕，南陽太守，生猛，定安太守。二子：秀、敷。秀二子：丕、林。林，後漢武威太守、太中大夫，避難徙居武威，爲武威竇祖。敷三子：平年、友、融。融字周公，大司馬、安豐戴侯。生穆，城門校尉、駙馬都尉，襲安豐侯。五子：勳、宣、褒、霸、嘉。宣生尙，以家難隨母徙隴右，爲隴右竇祖。嘉，少府兼侍中、安豐侯。三子：潛、奉、萬全。奉子武，特進槐里侯，晉贈文嘉貞侯。萬全襲安豐侯。二子：會宗、章。會宗子孫居武功扶風。章，大鴻臚卿。三子：陶、唐、統。統字敬道，鴈門太守，以竇武之難，亡入鮮卑拓拔部，使居南境代郡平城，以間窺中國，號沒鹿回部落大人。後得匈奴舊境，又徙居之。生賓，字力延，襲部落大人。二子：異、他。他字建侯，亦襲部落大人，爲後魏神元皇帝所殺，併其部落。他生勳，字羽德，穆帝復使領舊部落，命爲紇豆陵氏。晉册穆帝爲代王，亦封勳忠義侯，徙居五原。生子眞，字玄道，率衆入魏，爲征西大將軍。生朗，字明遠，復領父衆。二子：滔、祐。祐，遼東公，亦領部落。三子：提、拓、巖。自拓不領部落，爲魏侍中、遼東宣王。巖，安西大將軍、遼東穆公，從孝武徙洛陽，自是遂爲河南洛陽人。三子：那、敦、略。略字六頭，征北大將軍、建昌孝公。孝文帝之世，復爲竇氏。五子：興、拔、岳、善、熾。

岳，後周清河廣平二郡太守、神武郡公，與善、熾，子孫號爲「三祖」。岳二子：虤、毅。

虤，後魏定安扶風二郡太守、義安侯。	洪景，隋驃騎大將軍、西河郡公。	儼，都水使者，襲公。	明哲，河池郡司馬，襲公。	瓚。		
毅，後周大司馬、杞公。	照，蜀郡太守、鉅鹿郡公。	彥，隋駕部侍郎，襲公。	德明，晉陵郡太守，襲公。	知敬，常州長史，襲公。	思泰。	
			德素，南康郡太守。	懷文，延安郡司馬。	思暕，陳留令。	仙童。
					承家，右勳衛。	

思忠，尋陽郡司馬。						
景容，唐安郡司馬。		景光。	景詮。		景俊，恆王府參軍。	
千頃。	萬頃。		萬鈞。	萬錫。	論。	建，左武衛兵曹參軍。
敬。						

承祖，三山令。							
南容，安康令。							
充，猗氏令。	瑨，鴈門丞。	霈，江陵丞。	霽，義川令。		迥。	伯金。	伯玉。
	昕。	工奴。	穆。	浦。			

					懷哲，武威郡都督。	
			思恭，洪府錄事參軍。	思泰。	承基，右衞中郎。	
	西賓。	東里，河東丞。	如璧，東陽令。		儼，扶風主簿。	傑，三水主簿。
伯瑜，平高令。						

承禮。	承慶，安西副都護。			
佖。	偉，左衛千牛。	儆，左金吾胄曹參軍。	倩，恆王府戶曹參軍。	倫，恆州參軍。

					承孝，夷陵太守。		
僑，巴西郡參軍。					僎，唐安郡太守。	儀，同州司士參軍。	倓，太常寺太祝。
	述。	逾。	遇。	逞。	迥。		

	德沖，陝州刺史。					
	積善，榆林郡司馬。					
承福。	督，益昌郡司馬。	宣，新蔡丞。	誂，巴西郡參軍。	崇，樂安主簿。	敞，神皋丞。	岳。
俊。				鴻漸，應城令。		
				復，監察御史。		

君布，西令。		義積，太常少卿。				
南銑。	良弼。	欽望，中定令。				
卓，太原府倉曹參軍。		廣成，中部令。				
		良縱，綿州錄事參軍。			良友，涇州錄事參軍。	良杞。
		敬常。	敬則。	敬文。	敬初。	
		豐。				

		廣濟，右一監丞。	燈，恆王府參軍。		
			履霸，忻州定襄府折衝。	銑，大理評事。	公軌。
					公敏。
					公佐。
					公甫。
					公亮。
義節，虢州刺史。	誠言，左監門將軍。	庭蘭，衛尉少卿。	霸。		
			覃。		

	庭萱，光祿卿。			
遷，左衛兵曹參軍。	文剛，城門郎。	文仲，光祿寺丞。	文雄，著作郎。	及，初名文舉，朔州刺史。

誠盈，青州刺史。

庭芝，太府少卿。

伯元，會稽令。

伯昌，江陵令。

伯朗，渭州長史。

伯陽，侍御史。

伯良，河陽尉。

庭華，中書舍人。

叔展，太子正字、左拾遺。

抗。

				誠奢，富平令。		
	庭蕙，揚府長史。	庭芳。		子童，漢字。陽郡參軍。	子禹。	子夏。
	申，給事中。	昱，給事中。				
晏，同官令。	宣孟，長沙令。	都師，耒陽令。	自正。			

德玄，相高宗。				
懷讓，密州刺史。				
誠逸，果州司士參軍。	思仁字津，永樂令。	恕，殿中少監、扶風郡公。		
薇。	藨。			
良矩，朗州別駕。	良緯，夔府兵曹參軍。	良輔。		

	思純，南唐郡司馬。				思亮，榆林郡太守。	
	潔。	汲。	溫，吏部常選。	渟。	詳，清化太守。	
良逸，蒲江令。					誠順。	誠信。

誠勖。

漢，忠州長史。

誠質。

誠家。

誠則，光祿寺主簿。

誠愨。

良釗。

良顗。

良鎮，射洪令。

良銛。

								思光，蜀州錄事參軍。
溥，高山令。					泌。	液。	渾，蓬山長史。	灌，吏部常選。
	宰。	寘。	宏。	寰。	寓。		良俛。	
			簡能。					

懷道。

崇喜，衛尉少卿。

崇道，廣況。
陵郡太
守。

泳，定州協。
參軍。

凜，涇州遂良。
司功參
軍。

崇敏，太凝。
常丞。

					懷武，弘農郡司馬。	庭玉。				
						庭瑜。	采。	泳，朔方令。	齊運。	
									齊物。	
						庭璠。				
					懷恪，天水都督。	延宗，舒王文學。				
						延祚，鄆州刺史。				
						延福。				
					懷貞，相中、睿。	鼎。				

			德遠，樂安縣男。	知節，永康令。	崇宗，成都尉。						
					崇基。						
					思光。						
				知勖，左金吾引駕。							
				處常，翼城令。	令瓌。	固思，光州長史。					
						固言，安邑府果毅。					
						固信。					

	德洽，將作大匠。			
楨幹，相州參軍。	全眞，永樂令。			
	令宗，左衞翊府左郎將。			
	眘知，四門府別將。	眘惑，安邑府別將。	眘言，新津令。	
	崇俊。	獻誠，太常卿。	叔良，太僕卿。	晟。
	萬。		文工，岳陽府別將。	

令琬，蜀州司馬。	昚盈。	
令琰，太清府別將。	昚徵。	鍠。
		澄。
令玢。		
令琇，兵部常選。		
令瓌，兵部常選。	昚非，金吾衞大將軍。	
	昚滔。	

	全質，江陰令。	知約。	知軌。				知義。
令珍，玉津府果毅。	令瑜，吏部常選。		思貞，成都尉。				胡子。
	珣。		崇禮，德陽郡司戶參軍。				元臣。
			稱，太常少卿。				
			綱。	繼。	維。		
					儒宗。	明宗。	

	文殊，隋儀同三司、成都公。	招賢，隋遷州刺史、杞國公。			
		孝宣，襲安成公。	紹宣，襲杞國公。		
			德藏，以孝宣子繼，北海太守，襲杞國公。		
懷質。			靈運，汾州長史，襲杞國公。		
榮。			琛，河東郡司士參軍，襲公。		
			溫，御史大夫。		
			承胤，濮陽郡參軍。		
			邈，揚州戶曹參軍。		遂，光祿寺丞。

	璀。	珣，華州刺史、扶風郡公。	琰，北海令。				璠。
		液，以弟子繼，揚子尉。	嶠。	洮。	澄。	淹。	
連，大理評事。							

				琁，灌津縣男。	汝。					
					潤。	晉。				
					汪。					
				珪。						
				璆，新平令。						
				璁，靈安丞。	淳。					
					湑。					
					冽。					
					濯。					

			惠慈，渝州司馬。					
		瓘。	禹。	詡，華州司兵參軍。				詳。
泂。	浩。			嵩，兗州參軍。	崑。			
					郯，吏部常選。	郢。	鄲。	

				義方，扶風郡參軍。							
				大智，杞王府參軍。	辿，廣平郡參軍。	琳。					
					務。	暠。					
						顔。					
						鳳。	仕俛。				
							仕品。				
					暹，梓潼郡參軍。						
				靈勖，魯王府戶曹參軍。	欽。	重客。					

					靈獎，信都郡太守。		
鍔，東流令。	銑。			敬。	仙期，麗水府別將。	仙鶴。	仙童。
	劕。	昺，平鄉府別將。	昊，寧遠將軍。	好客。	捘。	捍。	撫。
					彝。		
					榮。		

	鳳宣。						
	志，以姪繼，襲神武郡公。						
	靈感，和蓋令，襲公。						
仙客。	昱，延州戶曹參軍，襲公。						
	灌。	榮。	涓，安業府別將。			汪，兵部常選。	涔，道舉出身。
			偁。	偃。	求。		

	昇，岐陽令，襲神武公。				
隄，新鄭令。	渙，兵部常選。	潤，恆王府兵曹參軍。	泌，戡黎府折衝。		潮，貝州司兵參軍。
		季倫。	華，聞喜令。	季初。	

善一名温，西魏汾華隴三州刺史、永富縣男。生榮定。

榮定，隋冀州刺史、陳懿公。	抗字道生，相高祖。	衍，左武侯將軍。	孝儉。	暈，太僕少卿。
			孝威。	
			孝忠，簡州刺史。	
		靜字元休，民部尚書、信都肅公。	遝，駙馬都尉，襲公。	松壽，殿中少監。
			遜字克讓，兵部侍郎。	

	誕，駙馬都尉、莘安公。				
遂，蔡州刺史。	孝德，慈州刺史。				孝立。
	希玠，禮部尚書、莘公。		希璬，蓬州刺史。	敬賓，河南少尹。	
	錫。	銳。	銓，滑州刺史。		鎮，右武衛將軍。
					顗。

	孝沖。	孝臻，夷州刺史。			孝誠，溪州刺史。
		瑾。			
		審言，聞喜尉。			
項，洋州刺史。		戩。	權，著作郎。	參，相德宗。	
				景伯，兼監察御史。	

孝果。	孝諶，潤州刺史。			
維鎏，水部郎中。	希瑊字美玉，太子少傅、豳公。		希球字國珍，太子賓客、冀靖公。	希瑰字希璀，太子少師、畢公。
	鍊，司農卿。	鋼，將作監。	鑑。	鉉，太子左贊善大夫。
			滎，虞部郎中。	

希琬，衞尉少卿。					
鋒，太僕少卿。	灌，陳王府長史。		沔，壽王傅。	濬，涇王傅。	鍔，駙馬都尉、祕書監。
昱，隋州刺史。		克溫。	克良，駙馬都尉。		克恭。

	孝禮，良原令。					
	瑋，遂州刺史。	璉，京兆少尹。				
		紹，給事荆府長史。	綜。	綸。	繹，駙馬都尉、衞尉卿。	繽。
昱，鳳州刺史。		寓。				

						幹。	師綸，太府少卿。
							倚義。
			良賓。	瑗，光祿少卿。			瓚，道州刺史。
續，奉先令。	繽。	級。	林，司封郎中。	虓。	乂，太府卿同正。		

			師武。			師仁。
尙烈。		孝綽。			孝約，開州刺史。	
進，右庶子。		憬。				
蒙，太原令。	鼎，都官郎中。	履庭，梓州刺史。	履信，鴻臚卿。			
		暄。	曙。	曖。		

慶。						
智純，蒲州刺史。	智弘。					智圓，開州刺史。
	懷玉，婺州刺史。	懷昶。				
		從之，右司郎中。	從光。		從昭，江州刺史。	
			靚。	覦，揚府長史。		

	璡字之推，將作大匠、鄧安公。	普行，饒州刺史。	揔，汾州刺史。	弘儼，屯田員外郞。							

熾，周太保、鄧公。六子：恭、覽、深、嶷、誼、威。

恭，後周雍州牧、鄶國公。	軌字士則，益州都督、鄶公。	奉節，駙馬都尉、黃國公。									
				克順，將作大匠。							
	琮，晉州總管、譙敬公。	孝謙，洛州刺史。									
覽。		孝仁，濟州刺史。									

	深。		巖。	誼。	威字文蔚，相高祖。
	襃，右武衛將軍。				惲，岐州刺史。
孝鼎，司勳郎中。	文表。		德宗，播州刺史。	有意，熊州刺史。	晏。
	季爽，開州刺史。	季安，湖州刺史。		元晦，諫議大夫。	詡，棣王傅、觀津公。
					顒，撫州刺史。
		至柔。			

竇武之後又有敬遠，封西河公，居扶風平陵，孫善衡。

善衡，左衞將軍，襲西河公。				
懷亶，洪州都督，襲公。				
胤，同昌郡司馬，襲公。				
叔向，左拾遺。				
常字中行，國子祭酒。		牟字貽周，國子司業。	羣字丹列，容管觀察使。	
弘餘，黃州刺史。	藩餘字外臣。	周餘，祕書監。	謙餘。	審餘。

					元昌，九隴令。	
						彧，盧州刺史。
庠字冑卿，漳、登、信、婺四州刺史。		翬字友封，鄂岳節度副使。		端。	洵直。	易直字宗玄，相穆、敬。
緜。	載。	景餘。	師裕。			紃字受章，循州

司戶參軍。
從眞，兼殿中侍御史。
敬直。

竇氏定著二房：一曰三祖房，二曰平陵房。宰相六人。三祖房有德玄、懷貞、抗、參、威；平陵房有易直。

陳氏出自嬀姓，虞帝舜之後。夏禹封舜子商均於虞城，三十二世孫遏父爲周陶正，武王妻以元女大姬，生滿〔三〕，封之於陳，賜姓嬀，以奉舜祀，是爲胡公。九世孫厲公他生敬仲完，奔齊，以國爲姓。既而食邑於田，又爲田氏。十五世孫齊王建爲秦所滅。三子：昇、桓、軫。桓稱王氏。軫，楚相，封潁川侯，因徙潁川，稱陳氏。生嬰，秦東陽令史。嬰生成安君餘，餘生軌，軌生審，審生安，安生恆，恆生願，願四子：清、察、齊、尙。齊生源，源三子：寔、則、邃。寔字仲弓，後漢大將軍掾屬，文範先生。六子：紀、夔、洽、諶、休、光。諶字季方，獻文先生。生靑州刺史忠。二子：佐、和。佐二子：準、徽。準字道基，晉太尉、廣陵元公。生伯眕，建興中度江居曲阿新豐湖。生匡，二子：赤松、世達。世達，長城令，徙居長城下若里，生丞相掾康。康生盱眙太守英，英生尙書郎公弼，公弼生步兵校尉鼎，鼎生散騎侍郎高，高生懷安令詠，詠生安成太守猛，猛生太常卿道巨，道巨生文讚。文讚三子：談先、霸先、休先。

談先，梁東宮直閤將軍、義興昭烈公。	曇倩，陳世祖文皇帝。	伯山字靜之，鄱陽王。	君範，隋溫令。								
			君通，淄州刺史。	矩，穆州刺史。							

			君賓，虔州刺史。								
		伯固字牢之，新安王。	顧，萬州刺史。								
		伯仁字壽之，廬陵王。	蕃，隋資陽令。								
				挺，綏州刺史。							
				岌，長城公。							
		伯義字堅之，江夏王。	元基，隋轂熟令。								

					曇頊，高宗孝宣皇帝。
		伯謀字深之，桂陽王。		伯信，出繼衡陽王，西衡州刺史。	叔寶，後主。
察，文州刺史。	憲，忠州刺史。	鄷，隋番和令。		法會，梁州刺史。	莊字承肅，隋昌陽令。
		璿，渠州刺史。	瓚，黔州都督。		蕃字承廣，忠州刺史。

叔英字子烈，隋涪陵太守。		叔堅字子成，隋遂寧郡守。	叔卿字子弼，隋上黨通守。	叔明字子昭，隋鴻臚少卿。
弘。	徽。			
	元凱，申州刺史。	遺玉，涇州長史。		繹，侍御史。
履華，夏州刺史。			正，循王傅。	

	某，會稽郡司馬。			
宏，邢州刺史。	某，晉陵郡司功參軍。			
	兼，右補闕、翰林學士。			
	當，監察御史。	蕢，大理評事。	京，字慶復，祕書少監。	
			襄，以從子繼，鹽官令。	
			灌，高安丞。	
			伯宣，著作郎。	伯黨。
			旺，字野王。	元史。
			機。	徽，溫州司戶參軍。

	叔彪字子華，淮南王。	叔達字子聰，相高祖。		
	瓊，唐州錄事參軍。	政德。	玄德。	賢德，水部郎中。
	彝，左散騎常侍。		仲方，順州刺史。	
	商字述聖，祕書監、許昌縣男。			
歸，考功員外郎。	峻。	義，少府少監。		
翾。				

紹德。

復，盩厔尉。

遼。

又有潁川陳忠，不知所承。

忠。

邕。

夷行字周道，相文宗。

玄錫。

夷則。

喜，陵州別駕。

聞，陵州刺史。

仲寓。

光象。

昌誨，初名黯。

康乂。

夷實。

翽字昭文。

陳氏宰相三人〔三〕。叔達、希烈、夷行。

封氏出自姜姓，炎帝裔孫鉅爲黃帝師，胙土命氏，至夏后氏之世，封父列爲諸侯，其地汴州封丘有封父亭，即封父所都。至周失國，子孫爲齊大夫，遂居渤海蓨縣。裔孫岌，字仲山，後漢侍中、涼州刺史。生咺，咺四世孫仁，仁孫釋，晉侍中、東夷校尉。二子：悝、悛。悛二子：放、弈。弈，燕太尉。二子：蘄、勸。蘄孫鑒，後魏滄水太守。三子：琳、回、滑。

	回字叔念，後魏尚書僕射、富城孝宣公。
	隆之字祖裔，北齊右僕射、富城宣懿子。
	子繪字仲藻，祠部尚書、右僕射，謚簡。
	寶蓋。
智瞻。	

		子繡，隋通州刺史。	德潤，青城令。	行賓。	廣城，雍州司法參軍。	希顏，中書舍人、吏部侍郎。					
				行高，禮部郎中。							
				梁客，吏部員外郎、中書舍人。							
			德興，隋南田令。	安壽，湖州刺史。	玄景。						
			德如，隋河南王司馬。	元素，戶部侍郎。							

	興之字祖胄，後魏平北府長史，謚曰文。			
	孝琬字士蒨，北齊東宮洗馬。	孝琰字士光，北齊通直散騎常侍。		
倫字德彝，相高祖、太宗。		君確。	君靜。	君嚴。
言道，汝宋二州刺史、駙馬都尉。				
思敏。				
守靜，渠州刺史。				
利建。				
夏時，兼殿中侍御史。				

	孝璋。				
君贊。	君誕。		君夷。		
			道弘，右司郎中、虢州刺史。		
	叔廉，光州刺史。		踐一。		
	悌。	愔。	無待，刑部郎中。		
			希奭。		
			亮，司封員外郎、杭州刺史。		
			敖字碩夫，戶部尚書、渤海縣男。		
			望卿字子踐。	彥卿字峴元。	挺卿字慎獨。
				翹字明。	

道瑜。	踐福，黃州刺史。				
綽。	無遺。				
恩，武邑令。					
思業，戶部郎中、幽州都督。			貢。		
		信卿。	特卿字亞公。	煦卿字愛之。	舜卿字贊聖。
		渭字希叟。			

封氏宰相一人。倫。	
士泰。	
松年。	
良弼，京兆府士曹參軍。	
洄。	

楊氏出自姬姓，周宣王子尙父封爲楊侯。一云晉武公子伯僑生文，文生突，羊舌大夫也。又云晉之公族食邑於羊舌，凡三縣：一曰銅鞮，二曰楊氏，三曰平陽。突生職，職五子：赤、肸、鮒、虎、季夙。赤字伯華，爲銅鞮大夫，生子容。肸字叔向，亦曰叔譽。鮒字叔魚。虎字叔羆，號「羊舌四族」。叔向，晉太傅，食采楊氏，其地平陽楊氏縣是也。叔向生伯石，字食我，以邑爲氏，號曰楊石，黨於祁盈，盈得罪於晉，幷滅羊舌氏，叔向子孫逃于華山仙谷，遂居華陰。有楊章者，生苞、朗、款。苞爲韓襄王將，守脩武，子孫因居河內。朗爲秦將，封臨晉君，子孫因居馮翊。款爲秦上卿，生碩，字太初，從沛公征伐，爲太史。八子：鶡、奮、熊、儵、漁、喜、鸇、魋。喜字幼羅，漢赤泉嚴侯。生敷，字伯宗，赤泉定侯。生胤，字毋害。胤生

敞，字君平，丞相、安平敬侯。二子：忠、惲。忠，安平頃侯。生譚，屬國、安平侯。二子：寶、並。寶字稚淵。二子：震、衡。震字伯起，太尉。五子：牧、里、秉、讓、奉。牧字孟信，荊州刺史、富波侯。二子：統、馥。十世孫孕，孕六世孫渠，渠生鉉，燕北平郡守。生元壽，後魏武川鎮司馬，生惠嘏。

惠嘏，太原郡守。			
審，汲郡太守。			
鍾馗，隋義城縣公。			
處綱，秦州總管、義城恭公。			處樂，隋洛州刺史。
元景。	元珙。	元約。	
	君操，陳州刺史。	謜，度支員外郎。	
		孚，刑部郎中。	
		黃裳。	
		申，侍御史。	

烈，平原太守。			
禎，寧遠將軍。			
忠，隋桓公、太祖武元皇帝。			
堅字那羅延，隋高祖文皇帝。			
廣，煬皇帝。			
昭，元德太子、世宗孝成皇帝。			
侑，酅國公。			倓字仁安，隋燕王。
行基，嗣酅公。			
棻字德潤。順，嗣酅公。		懷讓。	
	溫。		
	幼言，嗣酅公。	敦，駙馬都尉、太僕卿同正員。	

		暕字世胐，隋齊王。	
		正道，尚衣奉御。	侗字仁謹，隋恭皇帝。
		崇禮，大府卿、戶部尚書。	
眘名，洛陽令。	眘矜，戶部侍郎。	眘餘，吏部郎中、少府少監。	
	諫，岳州刺史。	岳，少府監。	

觀王房本出渠孫興，後魏新平郡守。生國，國孫紹，後周特賜姓屋呂引氏，隋初復舊。後以士雄封觀王，號觀王房。

國，後魏中散大夫。			
定，幷州刺史、晉昌穆侯。			
紹字子安，後周驃騎大將軍、黨城信公。			
士雄，隋雍州牧、司空、觀德王。			
恭仁，相高祖。			
思誼。	思訓，左屯衞將軍。		思訥，鳳州刺史。
嘉賓，晉州刺史。	嘉本，左衞將軍。		
	愼交，駙馬都尉、祕書監。		
	洄，駙馬都尉、衞尉卿。	沐。	
	悅，駙馬都尉。		

					綝，隋司隸校尉。
	思禮，岳州刺史。			思約。	思儉，衞尉少卿。
承緘，右金吾將軍。	承緒，鄧州刺史。		承令，尚書右丞。	承初。	承祜，右衞將軍。
		福。	宗，兵部郎中。	胤直，萊州刺史。	
		鼎。			

續，都水使者、弘農公。						
思簡，太子舍人。						
沖寂，司僕卿。						
令一，吏部員外郎。		慭，安州都督。	愿，汝州刺史。			恕，工部郎中。
愷，綿州刺史。			廙，贊善大夫。	庭。	序。	
倪。			迪。			
峹。	徵。					

		思禎。		思止字不殆,潞州刺史、湖城縣男。
		正基。	正言,陳州刺史。	執柔,相武后。
志,蘇州刺史。	慫,右司郎中。	琮,比部郎中。		濬。
				蕙,湖州刺史。

		執虛，新安令。	愛業，美原令。	執一，朔方節度使、河東郡公。
湜，太原少尹。	沿，戶、兵、吏三侍郎。	涉，資州刺史、廣平郡公。		濯，隋州刺史。
	藻。			

		縯。		綱，主爵郎中、平阿公。
	思昭，膳部員外郎。	思玄，吏部侍郎。	思敬，禮部尚書、駙馬都尉。	思謙，光祿卿。
				履忠，殿中侍御史。
汪，殿中侍御史。				

						履言。	涺，倉部郎中。				
				恭道。		暹，汾陰令。	譚，廣州都督。				
							詘。	伯明。			
								叔興。			
							護，水部郎中。	詢伯。			
				師道，相太宗。	豫之。						
			士貴，隋道、撫二州刺史、邢國公。	福，蒲州刺史。							

譽，汾州刺史、靜公。					
崇禮。		崇敬，太子少師、鄭懿公。			
		志誠，吏部員外郎中。			
		澂，兵部郎中。		泚，左武衛將軍。	均，光祿少卿。
晤。		默。	默。		
損。	漸。				

					達字士達，隋納言、始安恭侯。
					緘。
					全節。
				知運。	知慶，左武將軍。
				令珪，漢州刺史。	
			援，巴州刺史。	措，左衛將軍。	詡，尚書奉御。
嵇，檢校員外郎。	岱。	罡。	岳。		

		白澤。				
	至公。	孝義。				
令深，商州刺史。	令褘，司農少卿。					
					知什。	知亮，集州刺史。
			遺玉，鄭王傅。	幼玉，右衛將軍。	挹玉，太僕卿。	

知敬。	孝仁，濟、汝二州刺史。

孚五世孫贇，隋輔國將軍、河東公。生初，左光祿大夫、華山郡公。初裔孫播，世居扶風。

播。
炎字公南，相德宗。
朗，殿中侍御史。

太尉震子奉，字季叔，後漢城門校尉、中書侍郎。八世孫結，仕慕容氏中山相。二子：珍、繼。至順，徙居河中永樂，岐徙居原武。

珍，後魏上谷太守。
眞，河內、清河二太守。
懿，洛州刺史、弘農簡公。
順字延伯，冀州刺史、三門縣伯。
璨，儀同三司、平鄉縣公。
汪字元度，隋梁郡通守。
令本，庫部郎中。
友諒，昊陵令。
珣，宣州司士參軍。
國忠，相玄宗。
晅，太常卿。

			志謙。	
			玄琰，蜀州司戶參軍。	玄珪，工部尚書。
			銛，殿中祕書監。	錡，大僕卿、駙馬都尉。
曉，殿中少監。	朏，鴻臚卿、駙馬都尉。	晞，太子中允。		瓨。

		津字羅漢，後魏司空、孝穆公。		
		愔字遵彥，北齊尚書令、開府王。	暐字延孝，後魏安南將軍。	岐，呂州刺史。
				行表，長安尉。
				敏。
	志詮。	復珪，起居郎。		冠時，侍御史。
玄璥，國子司業。	明肅，少府監。			
鑑，湖州刺史。				

	潤字溫玉，國子祭酒、湖城公。	亮字季昭，鄧州刺史。	綝字再思，相武后、中宗。
	回，遂寧太守。		禎，司勳員外郎。
炅，遂州刺史。	勉。		獻，汝南太守。
	垂。		和。

					寂字玄之，陝主簿。
	侃，白水令。				
昱，偃師丞。	縝。	紘。	繪。	縉字公權，相代宗。	
歸厚，右拾遺。				弘徽，兼監察御史。	
輅字殷駕。					

越公房本出中山相結次子繼。生暉，洛州刺史，謚曰簡。生河間太守恩，恩生越恭公鈞，號越公房。

鈞，恆州刺史、越恭公。			
暄字宣和，西魏度支尚書。			
斅字文衍，後周汾州刺史、臨貞壯武公。			
素字處道，隋尚書令、司徒、楚景武公。			
玄獎，清河公。	積善，上儀同。		
崇本，宋州長史。			
		悟靈，錢塘令。	
		幼烈，寧州司馬。	
		藏器，三水丞。	
		遺直，濠州錄事參軍。	
		發。	假。
		楙字文逸。	

收字藏之，相懿宗。			嚴字凜之，兵部侍郎判度支。	
鑒字文通，生弘，字伯寬。	鏻字文豪。	鉅字文碩。	涉字文川，相昭宗，生凝式。	注字文台。

	約，隋萬年令、脩武公。	慎，義安侯。	岳，隋萬年令、蒼山公。	
			弘禮，中書侍郎、太府少卿。	弘文，駕部郎中。
洞字文遠。				

弘武，相高宗。				
元亨，庫部郎中、睦州刺史。	元裕，博州刺史。	元禧，台州刺史。	元禕，宣州刺史。	元咸，安州都督。

儉字景則，西魏侍中、夏陽靜侯。				
文昇。	文休。			
	處嶷。			處相。
昉，尙書右丞、工部尙書。	寶應，華州刺史、鴻臚卿。		寶琳。	
	維友，工部員外郎。		仲敏，郴州刺史。	
	志先，戶部郎中。			恂，左司郎中。
	佚。			
	鍠。	鉞，侍御史。		

文昇字文安仁。

琡，隋刑部尚書、吳州總管、樂昌縣侯。

德立。

隱朝，郃陽令。

燕客，臨汝令。

審。

寧，國子祭酒。

汝士字慕巢，刑部尚書、東川節度使。

知溫字德之，荊南節度使。

開物字熙之，左拾遺。

知遠字明之，絳州刺史。

及善字元吉，西令。

			知至字幾之，戶部侍郎。			
弘嘉。	慕義。	全慶，岳陽令。	整字秉禮，鳳翔從事。	協字與樂。	恪。	貽德字垂裕，永州刺史。

虞卿字師臯，京兆尹。

知退字先之，左散騎常侍。

贊禹字昭謨，左司郎中、集賢學士，生澄，字表微。

贊圖字光祐，司封員外郎，知制誥。

緒。

濟。

	元孫字立之，潁州刺史。		知權字正之，試協律郎。
業。	球字遐寶，度支宣歙院巡官，兼侍御史。	贊辭字彰史。	甸字禹封，司勳員外郎。

愉字莊已，常州刺史，生道沖。

磻字後隱，水部郎中。

安期字樂全。

思方字立之，鳳翔副使、檢校吏部郎中。

		漢公字用乂，天平軍節度使、檢校戶部尚書。
壇字坦之，右拾遺。	堪字時之，太子少師。	思愿字又聞，韶州刺史。
孫延史，字昭文，端州刺史。	承休字祐之，刑部員外郎。	

輝字景山。	籌字本勝，監察御史。	範字憲之，楚州刺史。		
沼。	寓。	瑄字秀文，陝州節度判官。	玢字表文，監察御史。	璨，玉城令。

譓字昭業，涇州營田判官。				知章字通微，檢校金部郎中。
珂字成美，蒲令。	廷輝。	承饘。	符字信之，侍御史。	

篆字義徽。圖，司勳郎中。	篔字禮潤，給事中。	蘧。	簾字廷儀。	管。	魯士字希古字徽。宗尹，長安令。尚之，尚書右丞。

仁贍字濟之，祕書監。	嶠。	思實，忠武從事。		崇鼎。
峴字鎮川，左拾遺。		敬福字遐吉，同官令。	郁字堯之，永和令。	

				文偉,隋安、溫二州刺史、安平公。
			虔遜。	榮。
	志立。			師,武州刺史。
	九思,鄜州刺史。			
	如權,瓜州刺史。	思齊,瀛州刺史。		
源嶓字紀川,兵部郎中。				
雍字昭化,藍田尉、直弘文館。				

泰，駕部郎中。	恪，溫令。			
	元表，國子司業。	元政，司勳郎中。		
		志玄，殿中侍御史。		
		成名。		
		遷字虛受，刑部侍郎、京兆尹。	凝字懋功，司封郎中。	淩。
		渾之。	後之字謙人。	敬之，同州刺史。
		簡。		戴字贊業，江西觀察使。
		途字遐至。		迢字文通。

		士積。		安，濟州刺史。	瓛，戶部尙書、長平公。
		緘，都官員外郎、將作少匠。			守拙，考功郎中。
		言成，商州刺史。	魏成，滁州刺史。		
	成規。				頠，職方郎中。
	邈。				
邁字嗣古，太僕少卿。					

守詡，倉部郎中、汾州刺史。	守愚，雍州長史。	守柔，鄧州刺史。		守挹，岐州刺史。
		祇本，吏部郎中。	踐本。	勵本，蜀州別駕。
普，金部郎中。				

寬字蒙仁，周總管梁興等州諸軍事、宜陽元公。

文紀字溫範，隋荊州總管、陽山恭公。

孝湛。

弘業，主客員外郎。

孝儼。

弘毅，洛州長史。

瑾。

鐘，大理司直。

成器，涪州刺史。

珪，辰州司戶參軍。

冠俗，奉先丞。

太清，單父尉。

於陵字達夫，左僕射、弘農郡公。

景復，衞尉卿。

嗣復字繼之，相

損。

溥字无

尤，生安

文宗、武宗。					紹復字紹之。
	授。	技字昭文。	拭字昭玉。	撝字謙光。	據字道叶。
貞字不武，安古字垂則。	然字公隱。				

				孝怡，膳部郎中、太僕卿。
			弘暕，工部員外郎。	弘冑，水部郎中。
		師復。		
揆字知幾。	拯字致堯。	拙字藏用。		

楊氏宰相十一人。恭仁、執柔、師道、炎、國忠、再思、綰、收、涉、弘武、嗣復。

高氏出自姜姓，齊太公六世孫文公赤，生公子高，孫傒，爲齊上卿，與管仲合諸侯有功，桓公命傒以王父字爲氏，食采於盧，謚曰敬仲，世爲上卿。敬仲生莊子虎，虎生傾子，傾子生宣子固，固生厚，厚生子麗，子麗生止，奔燕。十世孫量，爲宋司城，後入楚。十世孫洪，後漢渤海太守，因居渤海蓨縣。洪四世孫褒，字宣仁，太子太傅。褒孫承，字文休，國子祭酒、東莞太守。生延，字慶壽，漢中太守。延生納，字孝才，魏尚書郎、東莞太守。納生達，字式遠，吏部郎中、江夏太守。四子：約、乂、隱、漢。隱，晉玄菟太守。生慶，北燕太子詹事、司空。三子：展、敬、泰。展，後魏黃門侍郎，三都大官。二子：讜、頣。讜，冀青二州中正、滄水康公。二子：祚、祐。祐字子集，光祿大夫、建康靈侯。二子：和璧、振。

和璧字僧壽，後魏中書博士、下博公。	顥字門賢，輔國將軍、建康惠子。	德政，北齊左僕射、藍田康公。	伯堅。	希傑。	敬言，吏部侍郎。	崇業。				

子繼。

憲。

蓋，禮部郎中。

丘。

叔讓，殿中侍御史。

慈。

光復，天悆，職方官郎中。員外郎。

寧。

寬。

密。

察。

振。				
石安。	表，後魏安德太守。			
志廉，都官員外郎。	衡，隋萬年令。			
正臣，襄州刺史。	元道，汲令。	仲仁。	季通，宗正少卿。	馮字季輔，相太宗、高宗。
				正業，中書舍人。
		豫，刑部郎中。		

泰，北燕吏部尙書、中書令。二子：韜、湖。

湖，後魏寧西右將軍。		
謐，侍御史。		
樹生。		
		飜字飛雀，後魏侍御中散、孝宣公。
歡，北齊高祖神武皇帝。	琛，趙郡王。	岳字洪略，北齊太保、清河昭武王。
廓字仁弘，齊安王。	叡，襲趙郡王，裔孫正初。	勱字敬德，隋洮州刺史、樂安侯。
	正初，隋左金吾衞郎將。	士寧。
	翰，常州長史。	
玄景，沂州刺史。	莊，左驍衞將軍。	
元思，吏部郎中。	武光字叔良，晉州刺史、渤海縣伯。	
	昇，右司郎中。	昱。

宗儉字士廉，相太宗。					
文敏字履行，戶部尚書、駙馬都尉。					
琁，循州司馬，襲中公。		瑾。			
紹，考功郎中。	術，衞尉少卿。	丕。	遷，祠部郎中。		
		燭字時雍。	子羽，右司郎中。		
			曙。	暄。	曖。

	質行，主客郎中。	眞行，左驍衛將軍。		
		嶠，司門郎中。	峻，殿中丞、蒲州長史。	
			迥，餘杭令。	
子平。			彪，著作佐郎、崇賢館學士。	
			昃，侍御史、倉部員外郎。	集，太原少尹，兼御史中丞。
				允恭。

少逸，工部尚書。	元裕字景圭，初名允中，吏部尚書、渤海縣男。子璩字瑩之，相懿宗。

象，魏州別駕。	熊，和州刺史。	
重字文明，檢校戶部尙		
元經，河南兵曹參軍。		允誠生錫望，字叶中；暐字暈；殷字贊禹。殷生濟，字德昌；汝字魯昌。

書、渤海縣子。				
	德明，大理評事。	光庭，右金吾、胄曹參軍。	由庚，華州參軍。	公衡，河中觀察支使，生育，字全之。

	審行，戶部侍郎。			
嵊，祠部郎中。		嶧，廬州刺史。	崘，倉部郎中。	嶸。
				惠恭，巴州刺史。

京兆高氏，又有與北齊同祖，初居文安，後徙京兆。

卿，遂城令。
質，滄州長史。
伯祥，右拾遺。
郢，字公楚，相德宗、順宗。

晉陵高氏，本出吳丹楊太守高瑞。初居廣陵，四世孫悝，徙秣陵，十三世孫子長。

子長，隋祕書學士。
智周，相高宗。

高氏宰相四人〔四〕。士廉、璩、郢、智周。

房氏出自祁姓，舜封堯子丹朱於房，朱生陵，以國爲氏。陵三十五世孫鍾，周昭王時食采盤壽。生沈，沈十二世孫漢常山太守雅，徙清河繹幕。十一世孫植，後漢司空。植八代孫諶，隨慕容德南遷，因居濟南。四子：裕、坦、邃、熙，號「四祖」。裕孫後魏冀州刺史法壽。

孫翼，仕至鎮遠將軍，襲壯武伯。二子：熊、豹。熊字子彪，本州主簿，生彥謙。

彥謙，司隸刺史。						
玄齡字喬松〔三〕，相太宗。						
遺直，禮部尙書。				遺則。	遺愛，太府卿。	
					絳。	
					晦。	勳。
階，大理司直。					凝字玄儉，鄆州刺史。	克讓。
詹字詠歸。						鄴字正封。
重字慕武功尉。						
謂，大理評事。						
從約。	從繹。	從絢。	從縉。			

復。

沼，監察御史。

河南房氏，晉初有房乾，本出清河，使北虜，留而不遣，虜俗謂「房」爲「屋引」，因改爲屋引氏。乾子孫隨魏南遷，復爲房氏，而河南猶有屋引氏，唐雲麾將軍、弘江府統軍、渭源縣公豐生，卽其後也。

倫，後魏殿中尚書、武陽公。

讜，北齊侍中、吏部尚書。

廣深。

德懋，兵部郎中。

由，度支郎中。

恭懿，隋海州刺史。

彥雲。

玄基，倉部郎中。

元陽，水部郎中。

融，相武后。						
琯字次律，相肅宗。			璩，少府監。			
宗偃，御史中丞。	乘，祕書郎。	孺復，容州刺史。	履。	潔。	覿，成都少尹。	興。
	啓，容管經略使。					
	越。					

		玄靜，膳部郎中、清漳公。					
		肱。	昶，中書侍郎。				
陟。	橬，都水使者。	岳。		瑜。	璋。		
						濟，容管經略使。	奉若。

武，興元少尹。	式，宜歙觀察使。	岱。	密，諫議大夫。	嵒。		岡。
次卿字蜀客。			署，光祿卿。	諶。	説，右司郎中。	
				全慶。	夷則。	
					千里字鵠舉。	

	巖，周平陽公。
	崱，朗州刺史。
垂。	
挺，常州刺史。	
禋字莊己。	

房氏宰相三人。玄齡、融、琯。

宇文氏出自匈奴南單于之裔。有葛烏兔爲鮮卑君長，世襲大人，至普迴，因獵得玉璽，自以爲天授也，俗謂「天子」爲「宇文」，因號宇文氏。或云神農氏爲黃帝所滅，子孫遁居北方。鮮卑俗呼「草」爲「俟汾」，以神農有嘗草之功，因自號俟汾氏，其後音訛遂爲宇文氏。普迴子莫那自陰山徙居遼西，至後周追謚曰獻侯。獻侯生可地汗，號莫何單于，闢地西出玉門，東踰遼水。孫普撥，普撥生丘不勤，丘不勤生莫珪，莫珪生遜昵延，遜昵延生佚豆歸，自稱大單于，爲慕容晃所滅。生六子：一曰拔拔陵陵，二曰拔拔瓌，三曰紇闍，四曰目原，五曰紇闍俟直，六曰目陳。拔拔陵陵號阿若諺，仕後魏，都牧主、開府儀同三司、安定忠侯，以豪傑徙居代州武川。生系，位至內阿干。二子：韜、阿頭。韜三子：肱、顯、泰。泰，後周太祖文皇帝。阿頭生仲，贈大司徒、虞公。生興，襲虞公，生洛。

洛，隋介公。			
裕。			
延。			
離惑。			
庭立，並襲介公。			
	逖，御史中丞。		
	鼎字周重。	瓚字禮用。	
	獻字昌言。		

目原孫跋，後魏羽眞尙書、居庸侯。生直力勤，比部尙書。直力勤生賢。

賢字大雅，定州刺史。
瑋字法珍，後周宕州刺史、壽張公。
弼字公輔，隋禮部尙書、平昌縣公。
儉，九隴令。
節字大禮，相高宗。
嶠，萊州長史。
融，相玄宗。
寬。

							寧。					
							審字審，永州刺史。	炫，刑部郎中。				
							宣。					
			瑗。									
			紹，水部員外郎。									

又有費也頭氏，臣屬鮮卑俟豆歸，後從其主亦稱宇文氏。仕後魏，世爲沃野鎮軍主，玄孫盛。

盛，後周柱國、濮陽公。	歸。	定及，德州刺史。	規，光祿少卿。	顒。	實，好時令。							

	逊，隋左翊衞大將軍。			静。
	智及。	化及，隋太僕卿。	士及，相高祖。	福及。
			某，封城縣公。	
				全志，左司員外郎。
宿，均州刺史。				

順，虞部賓。	員外郞。	
巘。		屺。

宇文氏宰相三人。士及、節、融。

校勘記

〔一〕漢有丞相酇文終侯何二子遺則　按漢書卷一六高惠高后文功臣表及卷三九蕭何傳，遺、則均蕭何孫，非子也。

〔二〕遏父爲周陶正武王妻以元女大姬生滿　按左傳襄公二五年云「庸以元女大姬配胡公」，杜預注：「胡公，閼父之子滿也」。「閼父」卽「遏父」。此言以大姬妻遏父而生滿，蓋誤。

〔三〕陳氏宰相三人　上表無希烈世系。按希烈相唐玄宗，本書卷二二三上及舊書卷九七有傳，表漏列。

〔四〕高氏宰相四人　按本卷高氏表載：「馮字季輔，相太宗、高宗。」與本書卷一〇四及舊書卷七八高季輔傳合，此處漏計。

〔五〕玄齡字喬松　本書卷九六房玄齡傳云「房玄齡字喬」，舊書卷六六房玄齡傳云「房喬字玄齡」。

唐書卷七十二上

表第十二上

宰相世系二上

長孫氏出自拓拔鬱律。生二子：長曰沙莫雄，次曰什翼犍。什翼犍卽後魏道武皇帝祖也。後魏法，七分其國人，以兄弟分統之。沙莫雄爲南部大人，後改名仁，號爲拓拔氏。生嵩，太尉、柱國大將軍、北平宣王。道武以嵩宗室之長，改爲長孫氏。至孝文，以獻帝長兄爲紇骨氏，次兄普氏爲周氏，又次兄爲達奚氏，又次兄爲伊婁氏，改爲婁氏，又次兄敦丘氏爲丘氏，次兄俟氏爲万俟氏，叔父之後乙旃氏爲叔孫氏，疏屬車焜氏改爲車氏，是爲十姓。太和中，詔自代北而徙者皆爲河南洛陽人。嵩三子：泰、同、敦。泰，征南將軍、都督中外諸軍事。生黃門侍郎、大將軍延年。延年生陝州刺史、郿國公儉，儉生相州刺史、昌寧公平。二子：道生、道開〔一〕。道生，太尉、上黨靖王。三子：旃、太一、德一。旃，司空、上黨康王，生觀。觀，司徒、上黨定王，生稚、澄。稚字幼卿，西魏尚書令、太師、上黨文宣王。二子：子裕、子彥。子裕，右武衞將軍、平原公。二子：紹遠、兕。

紹遠字師，西魏大司空、河中獻公。			
覽字休因，後周大司徒、薛公。			
洪，普州刺史。	寬。		龕，房州刺史。
	昭，郢州刺史。		
	仲宣。	庶幾。	
		曷，西河太守。	子哲，信安太守。
	鑄，倉部員外郎。		

				兒，後周絳州刺史、平原公。
				敞，宗正少卿、平原安男。
操，金部郎中、樂壽安男。				无慮，右監門將軍。
憲，屯田員外郎。	誼，睦州刺史。	鏊。	詮，尙衣奉御、駙馬都尉。	
	永，屯田員外郎。			
		湯。		

熾，隋戶部尚書、饒陽公。	晟字季晟，隋淮陽太守、齊獻公。			
安世。	无乃，左監門衛將軍、清都郡公。	无傲，昌寧郡公。	无憲，兵部尚書、薛國公。	
祥，刑部尚書。				安業，右監門將軍。
孝紀，左司員外郎。				

无忌字輔機，相太宗、高宗。						
沖，祕書監、駙馬都尉。						
延，通事舍人。						
元翼，宣州刺史。						
訓，寧州刺史、陳留縣公。						
釗，福昌尉。						
守貞，鴻臚卿。						守英。
全緒，寧州刺史。						
燧，涇原營田判官、試太子通事舍人。				慥，邠州刺史。		
紹先。	恭先。	孝先。	稚先。	凝，刑部尚書。	迈，隰川主簿。	

							渙，鴻臚少卿、上黨郡公。		瀋，常州刺史、安康伯。
					絢。	頊。	詡。		嘉平，幽州司兵參軍。
			元冀。	元遐。					琮。
	節。	操。							
守廉。									

		淹，長水令、安城縣公。	溫，尙衣直長。	澹，太子洗馬。	淨，尙衣奉御。		
					崇宗。	崇一。	崇信。
瓌。	琦。						

			激，成州刺史。				湛，襄州刺史。	津，尙衣奉御。
崇賓。	崇賢。	崇順。	瓚。	璉。	珪。	球。		

						无逸，雲麾將軍、郫縣公。
澤，左千牛衞長史。					潤，太常少卿、金城縣子。	
瑋。	瓊。	琓。	珩。	瑛。		

義莊，邢州刺史。

長孫氏宰相一人。无忌。

杜氏出自祁姓，帝堯裔孫劉累之後。在周爲唐杜氏，成王滅唐，以封弟叔虞，改封唐氏子孫於杜城，京兆杜陵縣是也。杜伯入爲宣王大夫，無罪被殺，子孫分適諸侯之國，居杜城者爲杜氏。在魯有杜洩，避季平子之難，奔於楚，生大夫綽。綽生段，段生赫，赫爲秦大將軍，食采於南陽衍邑，世稱爲「杜衍」。赫少子秉，上黨太守，生南陽太守札。札生周，御史大夫，以豪族徙茂陵。三子：延壽、延考、延年。延年字幼公，御史大夫、建平敬侯。六子：緩、繼、他、紹、緒、熊。熊字少卿，荆州刺史，生後漢諫議大夫穰，字子饒。二子：敦、篤。敦字仲信，西河太守，生邦，字召伯，中散大夫。三子：賓、宏、繁。賓字叔達，舉有道不就。二子：翕、崇。崇字伯括，司空掾，生畿。畿字伯侯，魏河東太守、豐樂戴侯。三子：恕、理、寬。恕字伯務，弘農太守、幽州刺史。生預，字元凱，晉荆州刺史、征南大將軍、當陽侯。四子：錫、躋、耽、尹。錫字世嘏，爲尚書左丞。曾孫悊。二子：楚、秀。秀二子：果、皎。皎生徽，徽字暐，隋懷州長史、豐鄉侯。生吒、淹。

吒，隋昌州司馬。			淹字執禮，相太宗。	
如晦字克明，相太宗。		楚客，工部尚書。	敬愛。	敬同，中書舍人、東陽公。
構，慈州刺史。	荷，駙馬都尉、襄陽公。			從則，工部侍郎。
				自遠。
				繁。
				佐，大理正。
				元穎，相穆宗。
				審禮，京兆少尹。

	元絳，太子賓客。		
	審權字殷衡，相宣宗、懿宗。	延雍字道光。	敏求字千之。
	讓能字羣懿，相昭宗。		
曉字明遠，膳部郎中、翰林學士。	光乂字啓之。		

				昌遠。
				倚，左衞將軍。
			蔚字日彰。	
彥林字寧臣，中書舍人。	弘徽字範華，吏部尚書。	用礪字巖臣。		

		愛同，易州刺史。
志遠。		
俾，易州刺史。	儋。	

京兆杜氏：漢建平侯延年二十世孫文、瑤，與義興公杲同房。

瑤，隋復州刺史。		
玄道，左千牛。		
含章，定州司法參軍。		
繹，秀容令。		
孟寅，侍御史。	亞字少公，檢校禮部尚書。	麟，河南士曹參軍。

	縮，京兆府司錄參軍。		
平，太子舍人。	黃裳字遵素，相憲宗。		黃中，峽州刺史。
	勝字斌卿，天平節度使。	載。	
	庭堅字輔堯，衞州刺史。		

襄陽杜氏出自當陽侯預少子尹，字世甫，晉弘農太守。二子：綝、弼。綝字弘固，奉朝請。生襲，字祖嗣，上洛太守。襲生摽，摽字文湛，中書侍郎、池陽侯。生沖，字方進，中書侍郎，襲池陽侯。生洪泰，字道廓，南徐州刺史，襲池陽侯。二子：祖悅、顒。

顒字思顏，後周雍州刺史、安平公。				
景仲，鄜州刺史、廣陽公。			景秀，後周渭州刺史、思寧公。	
整。			懿，隋殿內監、甘棠公。	
孝彝。	孝弊，撫州刺史。	孝弇。	乾播。	
		元琰，左金吾將軍。	崇胤，成州刺史。	
			正義。	
惟慎，監察御史。			望之，溱州刺史。	
			正心。	
			齊之。	
			南昇，京兆功曹參軍。	南榮，長安主簿。

乾祐。						
續，主客郎中。						
知讓，明堂令。						知謙，邢州刺史。
慮。	惠，高陵令。					
隨，果州刺史。	濟字應物，給事中、京兆尹。					
	匡。	陟。	緝。	寧。	暘。	

乾祚。	遜，柏仁令。		
	淹，本縣中正。		
	行敏，益州長史、南陽襄公。		
	崇憲，益州司倉參軍。	崇殼，宮尹丞、右千牛。	
操，殿中丞。		希奭，右司員外郎、麗正殿學士。	希望，河西隴右節度使、太僕卿、
侍御史。			信，太子賓客。

襄陽縣男。				
	位，考功郎中、湖州刺史。	佋，詹事司直、金城丞。		任，河南府兵曹參軍。
	液。	尙。	參。	

儒字巨卿，武進主簿。

佑字君卿，相德、順、憲三宗。

師損，工部郎中、司農少卿。

詮字詮夫，復州司馬。

愉。

承昭字子昌。

羔，延陵令，避亂徙黃巖。

宗之，夏州司法參軍。

詢字誠之，河中府功曹參軍。生

鶚字遐

	式方字考元，桂管觀察使。		
	惲，富平尉。	憓，興平尉。	悰字永裕，相武宗、懿宗。
			裔休字徽之。
舉，祕書監。二子：光遜、光遠。			

	從郁，駕部員外郎。				
	牧字牧之，中書舍人。	慆，泗州刺史。	恂。		
晦辭字行之，左補闕。	承澤字浚之。			孺休字休之。	逃休。

			供，洪州長史。	巨卿，兼侍御史。
	顗字勝之，淮南節度判官。			
德祥字應之，禮部侍郎。	无逸。			
遵。	淪字正猷。	潾字文輝。		

		景恭，鄜州刺史、康城公。		
		德裕，幽州刺史、殿中少監、安衆公。		
		敬則，邛州司馬。		
行銶，郊社令。	行則，游擊將軍。	元同，萬年尉。	元志，考功郎中、杭州刺史。	
		彥先，率更令。	逢時。	暐，殿中侍御史。
			伯卿。	繼。

信字立言，刑部員外郎、杭州刺史。

師古，懷州參軍。

承慶。

襲慶。

禮。

佐。

梅。

孝輔，大理寺丞。

虔，大理司直。

興。

賢。

應。

鸞。

清，檢校員外郎。

師古，吉州刺史。

湘。

翔字擇木。

義符，初名師義。

師禮。

翯字文垂。

參謨，陝州司倉參軍。

寅，京兆法曹參軍。

倫，水部郎中、澧州刺史。

嶠，監察御史。

諒。

元振。

誠。

洹水杜氏出自戴侯恕少子寬，字務叔，孝廉，郎中。曾孫曼，仕石趙，從事中郎、河東太守。初居鄴，葬父洹水，後亦徙居洹水。五世孫君賜，君賜生景、宣明。景生子裕。

子裕字慶延，隋樂陵令。

正玄字知禮，豫章王記室。

正藏字爲善,隋行軍長史。				
志靜,出繼叔正倫,安福令、嗣襄陽公。				
僑,懷州長史。				
咸,涼州都督。	損,大理少卿。			
	存,左贊善大夫。	介。	廙,鄭州錄事參軍,死安祿山難。	
	占。		曾,左金吾兵曹參軍。	冀,太學博士。

					正倫，相高宗。
			戩。		
兼字處弘，河南尹。			羔，刑部郎中。		
柔立，天長主簿。	詞立，壽州參軍。	誼立，順宗挽郎。	中立，義武節度使。	思立。	

正儀。	正德。

濮陽杜氏出自赫子威，世居濮陽，裔孫模，後魏濮陽太守，因家焉。模生亮。

亮，後魏陳留太守。		
伽，北齊膠州刺史、竟陵公。		
保，隋鴈門太守。		
義博。		義寬，滕王府諮議、蘇州司馬。
仁端。		無忝。
元揆，天官員外郎。		兼愛。
希晏，太子洗馬。		祐。
華。	萬，檢校郎中。	殷，同官令。
		陟，字子遷。

		慎行，荊益二州長史、建平侯。			
兼拯。		鵬舉，安州都督。			
	鎮，起居郎。	靈璦，太康主簿。	鳳舉。	鴻漸字之巽，相代宗。	
順休，兼殿中侍御史。				收，戶部郎中。	威。
				翕慶。	

		承志，天官員外郎。			
		遲，相玄宗。			
		孝友殿中監。			昱，給事中。
封。	鼎，丹王府長史。	延壽，武進尉。	孝孫。	孝恭，殿中侍御史。	

杜氏宰相十一人。如晦、淹、元穎、審權、讓能、黄裳、佑、悰、正倫、鴻漸、暹。

李氏武陽房出自興聖皇帝第七子豫，其後爲武陽房。

豫字士寧，東晉西海太守。		
琰之字景珍，後魏兼侍中、文簡公。		
剛，宜州刺史。		
充節，隋朔州刺史、武陽公。		
大通。	大辯。	大亮，右衛大將軍、武陽懿公。
道裕。	直瓘，德州刺史。	守一，庫部員外郎。
		如璧，監察御史。

充信。	充穎，後周滑州刺史、流江郡公。			
	義本，宜州刺史。	玄明，濟州刺史、成紀縣公。	敬本，豫州刺史。	思本。
	迴秀字茂實，相武后。		璡，恆州刺史。	崇敏，司勳郎中。
法靜，商州刺史。	俊，黃州刺史。			

慧。		
充弼。		
嘉，蘇州刺史。		文楷，殿中少監。
虔緒，洛州刺史。	虔繹，兵部尚書。	

姑臧大房出自興聖皇帝第八子翻，字士舉，東晉祁連、酒泉、晉昌太守。三子：寶、懷達、抗。抗，東萊太守。生思穆，字叔仁，後魏營州刺史、樂平宣惠伯。生獎，字道休，北齊魏尹、廣平侯。生瓌，黄門郎。生斌，散騎侍郎，襲樂平伯。寶七子：承、茂、輔、佐、公業、沖、仁宗。承號姑臧房。

承字伯業，後魏滎陽太守、姑臧穆侯。
韶字元伯，定州刺史，襲姑臧文恭侯。
瑍字道璠，北齊前將軍、安城縣伯。
倘德，都官員外郎。
士詹。

	瑾字道瑜，後魏通直散騎侍郎、文恭侯。				
	倩之字曼容，北齊尙書考功郎中。				
	元儉。				
義珙。	義璹。	州刺史。	來甫，朗州刺史。	元恪，冀州刺史。	
		引。			
				愼機。	
				幼淸。	季回，忠州刺史。

義璋。			義瑛。			
紹，鄆州刺史。	整。		弼。	穎，兵部郎中。	咸，工部郎中。	巢。
	震，起居郎。	晉，汝州刺史。				

義琛，工部侍郎。					
縉，吏部郎中。		亘一。	汕，考功郎中。	燾，水部郎中。	準。
先，婺州刺史。	惟。	瓊，普州刺史。		賓喜。	
	長，通州刺史。				

武卿。					
玄德，慶陶令。					
義琰，相高宗。	義瓘。	義璡。			
起。		融。	恆，殿中侍御史。		
詢甫，主客員外郎。		稹，河內太守。	回，工部員外郎。	賜，都官員外郎。	
	敷，同州刺史。			耿。	沇。

		行之，字義通，隋唐州下溠郡太守，固始縣男	
		夷道。	玄道，秦府學士、常州刺史。
			正基，太子舍人。
			亶，字景信，給事中。
	昭一作照。		成裕，祕書監。
元澄，泉州刺史。			揆，字端卿，相肅宗。
			興公，侍御史。

佐公，河中少尹。				
元陟，畿尉。	元賓，右衞兵曹參軍。	元易，鹽城令。	元贄，太僕卿。	
歸魯，兼殿中侍御史。	絢，長壽令。	歸文，滄州節度判官。	檢，河南少尹。	冉，右司郎中。

						衡。	均。
		次公，殿中侍御史。		幼公，杭州刺史。			隨，祕書監。
		元夔，宗正少卿。	元周，王屋令。	元裔，奉天令。			正範，庫部郎中。
儉。	漸，補闕。	岫，殿中侍御史。		愔。	汾。		樞。

戡。		
上公，祕書監。		
景素，太子庶子。		
蔚字茂林，相僖宗。蔚三子：渥，禮部侍郎；洵，福建觀察使；涚字殷澤。	縉字權化。	纘字圖南。

成績，虞部郎中。	皆，司封員外郎。			
	震，泉州刺史。			
		弘甫，宗正卿，涇原節度使。	申。	景回，國子司業。
		滉字巨川，池州刺史。	繪字德彰。	勗。

						亨字嘉會，淄州刺史。
					成式，淮南道採訪使。	成性，太子右贊善大夫。
虬。						榮，潤州司功參軍。
益，祕書少監。						
當，刑部尚書。		敞。	崇。	奕。		
藻，尚書右丞。	拯字昌時。					

挺，監察御史。

慶，越州參軍。

成毅，文學。

表。

成紀。

雲將，尙書右丞。

晏。

顏。

歸期。

逢吉字虛舟，相憲宗。

絳，滑州刺史。

繕。

			疑之字惠			
			堅，光州中從事。			
			君志。	君範。		
				孝深。		
締，諫議大夫。	維。					
		仲華，庫部郎中。			詢軌。	
					涓，商州刺史。	涉，美原令。

君徹。	君可。	君昇。			君德。	君平，冀州刺史。	
		稚川，倉部員外郎。					
元珍。		夔。	思言。	惇。			
構，泉州刺史。		嚞。	寔。	光庭。			
		隼，監察御史。					侶，袁州刺史。
						顓，蘇州錄事。	

					彥字次仲，後魏秦州刺史，謚曰孝貞。
瓚字道璋，後魏司徒參軍事。					燮字德諧，司徒主簿。
脩年，大將軍開府士曹參軍事。					士萬，高都太守。
			俊。		
玄表，庫部郎中。					大壽，袁州參軍。
思誨，潁州司馬。					傑。
炅。	獻。	疆。	昕，司門員外郎。		
			翥。	聰，洋州刺史。	剬。

爽字德明。				
元相。				伏陁。
				崇基，尙書左丞、權御史大夫。
乾昇，秦府戶曹參軍。				景融。
岑，水部郎中、眉州刺史。		峯，開州刺史。		康時。
舟字公受，虔州刺史、隴西縣男。	丹，豪州刺史。	巨，司勳員外郎。	博。	
		權實字子重。		

	虔字叔恭，後魏驃騎大將軍、高平宜景男。				
	曒字仁明，尚書左外兵部。				
	袁，章武郡守。				
	德基，亳州法曹參軍。				
	思文，同官丞。				
景昌。	況。	防，右衛長史，一作昉。			
操。					
		玄就，右神武軍參軍事。	玄成，試太常寺協律郎。	玄度。	玄爽。

						晧字仁昭，後魏散騎侍郎。
						士操，北齊儀同開府參軍事。
						昇期，給事中。
列。	凝。	潔。	涼。	憑。	衆字師，玄爽。湖南團練觀察使、左散騎常侍。	何，汜水令。

	曉字仁略，北齊廣武東郡太守。					
	超字仲舉，隋冀州清江令。					
	大師字君威，渤海郡主簿。					
	慶孫。	正禮。	利王。			
		元瓚。	元道。			元德。
				位，房州刺史。	緄，殿中侍御史。	光遠。
儋，殿中侍御史。						構。

		行師，邛州刺史、虞部員外郎。			
延壽，符璽郎。	安世。	玄運。		玄父，潤州刺史。	
		元璥，濟州刺史。		上義，右庶子、揚州長史。	叔儀。
		推。	損。		庭言，楚州刺史。
			鋋。		恭懿。
					榮實。

				玄挺，相州刺史。	玄約。	
			尙詞，申州刺史。	尙虛。		
昭。	中庸。	欽回。	俠。			
瓚。					鎔，陵、嘉二州刺史。	
						休。
						弘式。
					玄錫。	龜圖字

踐中，臨汝太守。

季遠。

裴字延賓，後魏司農少卿。

仁璹，衡州刺史。

丹楊房：晉東莞太守雍長子曰倫，五世孫文度，西涼安定太守，與族人寶入後魏，因居京兆山北。

文度。

權，後魏河秦二州刺史、杜縣公。

崇義，後周雍州大中正、廣和復硤殷五州

詮，隋趙郡太守、臨汾襄公。

藥王。

脩志。

元愼，洛州刺史。

刺史、永康縣公。						
		靖字藥師，相太宗。				
脩行，汝州刺史。		德謇，太府少卿。	德獎。			
			浚，嘉州刺史。	湜。	汗。	沅，兼殿中侍御史。

客師，左領軍大將軍、幽州都督、丹楊公。			
嘉字大善、隰川令，襲公。		大惠。	
守節，光化令。	思孝，夏州都督。		
		炅。	
		鉷，儀州刺史。	琛。
			正封字中護，監察御史。

				偉節，隋司隸州刺史、	
		正明，右衞將軍。		乾祐，刑部尚書。	
大志，右金吾將軍。		志覽。	志貞。	昭德，相武后。	餘福，監察御史。
令哲，會州刺史。	令問，殿中監、宋公。	慶遠。		元紘。	

漢騎都尉陵降匈奴，裔孫歸魏，見於丙殿，賜氏曰丙。後周有信州總管龍居縣公明，明生粲，唐左監門大將軍、應國公，高祖與之有舊，以避世祖名，賜姓李氏。

粲。	寬，奉常正卿、隴西公。	道廣字太丘，相武后。	元綜，屯田郎中、荊府長史。	舒，工部郎中。	莒。
			元繹，都水使者。		
			元紘字大綱，相玄宗。	有季。	
				有容。	
				有功。	
			元緘，鄆州刺史。		

	昱，紀王府參軍。	承業，絳州刺史。	
		承嘉，御史大夫、襄武郡公。	希逸，左率府兵曹參軍。
			希邃，涇州司馬。
			希遠，同州司兵參軍。

隴西李氏，後徙京兆。

嵩，岷州刺史。	思恭，洮州刺史。	欽，左金吾衞大將軍。	晟字良器，相德宗。	愿，河中節度使。

聰，光祿寺主簿。
揔，太子中允。
愻，左神武軍大將軍。
憑，右威衛大將軍。
恕，光祿卿。
憲，嶺南節度使。

愬，檢校左僕射、同平章事。	懿，渭南尉。	聽字正思，檢校司徒、涼國公。		
		琢，左神武將軍。	璋，太常寺太祝。	瑾。

				惎，右羽林軍將軍。
璩，侍御史內供奉。	⿰王余，左千牛衛將軍。	瓊，福昌尉。	琟，光王府參軍。	

愍，嵐州刺史。

隴西李氏定著四房：其一曰武陽，二曰姑臧，三曰燉煌，四曰丹楊。宰相十人。武陽房有迥秀；姑臧大房有義琰、蔚、揆、逢吉；丹楊房有靖、昭德；又有道廣、元紘、晟。

趙郡李氏，出自秦司徒曇次子璣，字伯衡，秦太傅。三子：雲、牧、齊。牧爲趙相，封武安君，始居趙郡。趙納頓弱之間，殺牧。齊爲中山相，亦家焉，卽中山始祖也。牧三子：汨、弘、鮮。汨，秦中大夫、詹事，生諒、左車、仲車。左車，趙廣武君，生常伯、遐。遐字伯友，漢涿郡守，生岳、德、文、班。岳字長卿，諫議大夫，生秉、義。秉字世範，潁川太守，因徙家焉。生翼、協、敏。敏，五大夫將軍，生謨、道、朗。謨字道謀，臨淮太守，生哆、華、旭。哆字子讓，上黨太守，生護、元。護字鴻默，酒泉太守，生武、昭、奮。武字昭先，東郡太守、太常卿，生讚、脩、弈、就。脩字伯游，後漢太尉，生諒、叔、訓、季。諒字世益，趙國相。生膺，字元禮，河南尹。生瓌、瓚、瑾。瑾字叔瑜，東平相，避難復居趙，生志、恢、宜。恢字叔興，生定、臺、奬、碩。定字文義，魏水衡都尉、漁陽太守，生伯括、機、叔括、季括。機字仲括，太學博士、臨江樂安二郡太守，生羣、瓌、密、楷、越。楷字雄方，晉司農丞、治書侍御史，避趙王倫之難，徙居常山。五子：輯、晃、芬、勁、叡。叡子勗，兄弟居巷東；勁子盛，兄弟居巷西。故叡爲東祖，芬與弟勁共稱西祖，輯與弟晃共稱南祖。自楷徙居平棘南，通號平棘李氏。輯字護宗，高密太守，子愼敦，居柏仁，子孫甚微，與晃南徙故壘，故輯、晃皆稱南祖。晃字仲黃，鎭南府長史。生義，字敬仲，燕司空長史。生吉，字彥同，東宮舍人。生聰，字小時，尙書郞。二子眞、融。

眞字令才，中書侍郎。		
紹字嗣宗，殷州別駕。		
義深，北齊行梁州刺史。		
陶騊，隋絳州長史。		
政藻，宜州長史。		
叔奮，刑部侍郎。		
懋道，左司郎中。	游道，相武后。	諧道。
	景宣，台州刺史。	景祜，婺州刺史。
	球。	

政期，水部郎中。				政起。
素立，蒲州刺史、高邑平侯。			行敦，離狐主簿。	行沖，駕部員外郎。
休烈，鄠令。			懷一，晉陽尉。	
鵬字至遠，璧州刺史。			雍門，湖城令。	
畲字玉田，考功郎中。	陽冰，將作少監。	澥字堅冰，刑部郎中。	湜。	
承，山南東道節度使。	服之。	騰，隰州刺史。	堨，三原令。	
潘〔三〕。				

曄。

甗，左衛錄事參軍。

載，河陽令。

昇遠，水部員外郎。

雄飛。

矩。

封，左補闕。

從遠，黃門侍郎、趙郡懿公。					
巖，兵部侍郎、贊皇縣伯。				常，同安郡別駕。	甲，恆王友。
則，河南少尹。	範。	威。	盛。		

							素誠。
希遠，晉陽尉。						昌遠。	
弁，揚州左司馬。						美。	
峴，廬江令。		規，壽州刺史。	覲。	覿。	觀。		
固言字仲樞，相文宗。		將順，袁州刺史。					
權，河南功曹參軍。	悅，一子出身。						

融，後魏中書侍郎。
蘭集。
公昌，給事中。
令莊。

羲之後有萬安，自趙郡徙于管城。

萬安，鄢平郡丞。					
項。					
日知，相玄宗。					伊衡。
雍尹，太原府司錄參軍。					
玄之，洪洞令。					
彬，新野尉。	彤，吏部尚書。	彩，太康尉。	彣。	彧。	

南祖之後有善權，後魏譙郡太守，徙居譙。生延觀，徐梁二州刺史，生績。

績，馬頭太守。				
顯達，隋潁州刺史。				
遷，德州刺史。				
孝卿，穀州治中。				
敬玄，相高宗。				忱字敬一。
思沖，工部侍郎。	守一，成都鄠令。			惠子。
	晤，金壇令。		晦。	希言，禮部侍郎。
	紳字公垂，相武宗。			縱，金州刺史。
	開，水部員外郎。	乾祐，建州刺史。		
	無逸，算曹博士。	羔，容管經略判官。		
	復圭。	昊。		
	肱。	孝連。		

		元素相武后。
		志德，隴州刺史。
		構。
紓字仲舒，吏部侍郎。		
脩。		
寬中字子量。		
綽字肩孟。	昌謀字愼機。	

東祖叡，字幼黃，高平太守、江陵寧公。生勗，字景賢，頓丘太守、大中正。生頤，字彥祖，高陽太守、武安公。四子：緦、系、奉、曾。

緦字少同，蘭陵太守。
靈字虎符，後魏洛州刺史、鉅鹿簡公。
恢字祚，定州刺史、鉅鹿貞公。
悅祖，中山太守、高邑伯。
瑾字伯瑜，大司農卿、文公。
子服，陽翟太守。
伏惠，主簿。
世起，深州司兵參軍。
承眞，廬州司兵參軍。

			挺秀。
敬叔，後周聘陳使、義陽太守。	君昂，濟陽長。	仁方，洛陽尉。	玄乂。
			玄本。
		仁則。	
		仁表。	
	君素。		
	君節。		
子智，晉陵太守。	孝儼。	文幹，冀州司法參軍。	仙務。

	華，後魏中山太守。						
	敬義，散騎常侍。						
	仲通，陽平太守。						
	孝端，隋獲嘉丞。						
	知本，夏津令。						
仙幹。	懲，富平尉。	恕，襄陽令。					
	處玄，棗彊令。	錫，長洲丞。		鉉，曲阿尉。	鈞，蜀州刺史。	鋭。	銓，經城尉。
		允宗。	道宗。		忭。		

	遜，度支郎中。								
玩。	處厚。	處實。		處直，給事中。		處沖，櫟陽令。		處恭。	
	同悅。	渙。	融。	南榮。	西昇。	悌。	仙壽。	明道。	言道。
				孫閑，檢校郎中。					

			思，萊州長史。			
		處虛，方城尉。	瑱，揚州長史。	琡，襄邑丞。		
勤道。	謀道。		胡。	冊。	艮。	韶，太子通事舍人。

珂，澤州刺史。								瑝，西平令。
涉。	擇。	漪。	瀾。	汪。	從。	徹。	觀，監察御史。	芳，無錫尉。

			知隱，伊闕尉。			
			慈，櫟陽丞。			
	旭，雲陽主簿。		晅，隰州刺史。	瓛，曹州參軍。	璞，九隴尉。	
光宰。	光復。	光弻。	光輔。		沿。	湲，武昌尉。

懿，明堂尉。				志，沂州刺史。		
顒，給事中。				全壁，洋州刺史。		
宗，鄭州參軍。	寧，涇州參軍。	宋，江州刺史。	安石。	載。	衡。	嘉。

						延世，趙郡太守。
				孝徹。		子眞。
				知約，偃師尉。		長卿。
						玄操。
全昌，光祿少卿。			全交，忠州司馬。			
登，懿德太子廟丞。	寰。	同復，潞城令。		審度，左補闕。		
				諒。	誕。	

		子遠，騎兵將軍。						
	喬卿。	君信。	君壽，安州司功參軍。	君武，蔚州司馬。				
玄乂。		素臣，曲阿尉。	思恭。	无思。	處靜。	仙童。	思貞。	崇憲。

綜，行河間郡。					
遵字良軌，後魏度支郎中，謚曰簡。					
渾字季初，北齊海州刺史、涇陽縣男。					
汪字處季，廣宗令。					
國寶。	世寶，河南郡東曹掾。				
	友益，中書侍郎。				
	元恭，初名豫，工部郎中。	元休。	元甫。	元儉，潞州司功參軍。	承仙。

					繪字敬文，北齊博陵太守，謚曰景。	
					君章，雍丘令。	
		人寶，眞定令。			師表，黃安令。	
智積，海陵令。		損之，洛州總管府典籤。			挺立，梓州司馬。	
元嗣。	元符。	守禮。	依禮。	元貞。	承家。	承慤。

	[illegible]德，		
	璨字世顯，恆山太守、始豐懿侯。		
	元茂，徐州刺史，襲始豐順侯。		
緯字乾經，北齊太子家令，謚曰文。	子雲字鳳昇，鉅鹿太守。		
立言。	道宗，直閤將軍、駙馬都尉。		
納義，考城令。	山壽，北齊兵部郎中。		
常。	仁則。	文尙，華州司功參軍。	
		玄獎。	玄福。

仁贍,梁州長史。			全壽,監察御史。			
玄祐,瀛州司戶參軍。	玄恩。		元楷,慈丘令。	元規。	元軌。	元謹。
	察,少府監。	寔。				
	光之。					

宣茂，後魏幽州刺史，謚曰惠。					
籍之字脩遠，司徒諮議參軍。					
徹，北齊濟州長史、迎勞使、尚書右丞。					
純，隋介州刺史。					
德饒字世文，司隸從事。					
高行，曹州刺史。			高節，泉尉。		
延慶。			福慶，襄城主簿。		
元瑒。	元琰，嘉興令。	元瑜。	道長。		
	鉉。		鎬。	鈞。	鍰。

							德範，魏令。		
							弄璋。		啓期。
					思義。	思敬。	思安。	思玄。	
元瑾，衡陽尉。	粤。								
	王戎。	王喬。	王烈。	王粲。					

	楚人。
	啓方。
	玄昶。
德紹，陵水令。	延年。
	高亮。
德矩，許州司功參軍。	玄威。
	玄乂。
	玄靜。

德昺，洛陽令。							
玄同，度支員外郎。							
瓿，給事中。							
迪。					述。	達，翬令。	
詠。	諷。	訊。	諍。	諫。	崗，恆山府司馬。	議。	老。

		恁，湖州司馬。					
	逢。	延喜，潭州司戶參軍。	迴。				逖，猗氏尉。
建。	遙。			守物。	守義。	識。	計。

逵，婺州司戶參軍。

進。

懋，博州司功參軍。

公緒字穆叔，後魏冀州司馬，棄官，賜號潛居公。

少連，邵州司戶參軍。

守沖。

延祖。		守素，秦王府學士、天策倉曹參軍。	守忱。	守玄。
仲將。		乾悆，上洛令。	公召，亳州司戶參軍。	
映，宛丘令。		仲宣，德州刺史。		
	辨，巴州刺史。	暉。		

			志之，郢州刺史。			
遜，越州功曹參軍。		槊字季節，北齊并州功曹參軍。	璡，青州刺史。			
賢。	莊生。	山圖。	公節，上蔡主簿。			
			行詡，將仕郎。	行禮。	行純。	行指。
			元慶，昭陵令。			

		粹之，步兵校尉。						
季璵。	季略。	士高，征虜將軍。			士儀。	士章。	士政。	士達。
		公俊。	公嗣。					
		輔仁，箕州司法參軍。	輔義，單父令。	輔智，九隴主簿。				

叔胤，南郡太守。								
弼，魏郡太守。								
士瑜，趙郡功曹。			士璜。	士瓘，趙郡功曹。				
孝慈。				祖忽。	仲忽。			
德源，丹川尉。		德逸。			師信。			
儀王。	儀道。				神景，虔州司法參軍。			
					楚珪，象州司法參軍。	楚璋。	楚璧。	楚錡。
					彙金，安德丞。			
					詠。			

				仲胤，光州刺史。		
	翼，定州刺史。			敦，散騎常侍。		
	幼達，德廣郡太守。			逖，瀛州鎧曹。		
	積善，本州主簿。	昭善。	萬善。	善慶，汴州總管府長史。		仁元，虔州刺史。
	玄恭。			行充，陽翟令。	全節，唐州司馬。	
神懿。					奉兌。	

				系字和叔，後魏平棘令，追封平棘縣男。	
				順字德正，四部尚書、高平宣王。	
				式字景則，西兗州刺史、濮陽侯。	
				憲字仲軌，揚州刺史，襲濮陽文靜伯。	
				希遠字景沖，散騎侍郎、新豐文公。	
		固，本州主簿。		祖悛，左衞將軍，襲濮陽文公。	
善昌。		多能。		君策，考功郎中。	君約。
玄紀。	玄明，潭州司倉參軍。	客師，富水令。		胤卿，高陵尉。	
			湛然，屯田郎中。		

						君弘，趙郡主簿。	君穎。
惠善。	收善。	閑善。	師仲。		師稚字玄素，丹山簿。 孝仁，隋謁者臺將仕郎。	師大，恆安府旅帥。	
						齊彥。	
				審義。	審言。		

						君亮。			
						君儀。	玄度。		
							光悅。	子游。	
								子貢。	
								子哲。	
							嘉璧。	濞。	
								滋。	
							玄惲。		
						稚昌，青州司法參軍。			

		希宗字景玄，北齊行上黨太守、文簡公。		
		祖昇，齊州刺史、貞烈公。		
君盛，青州司戶參軍。	君褒。	德璉，殷州刺史，以祖揖子繼。		
		師旦，右領軍錄事。	師素。	師喬，臨渙令。

師蘭，上柱國、儀同三司。								
元穆。					元悅。			
曉。					昕。		嘉休。	暭。
昃。					鏡。	銳。		
金覺。	暕。	晈。	晤，一作昈。	晦。				

元恩，常山令。								
晙，桂州司馬。	暄，長洲主簿。				鈞，泗州司倉參軍。			
	涇。	渭。	漣。	灞。	濟。		潛。	瀍。

	祖勳，北齊右僕射、丹楊文孝公。	祖訥，北齊光祿卿。			
	德璋，隋寧州司戶參軍。	德瑞，江陵令。			
	知仁。	胡摩。	正節。	正度。	正美。
	釋意。				
植，廣州司兵參軍。					

			祖揖，北齊冀州別駕、忠公。			
	德玘。	德珽，州主簿。	德珪，隋司徒長史。			
正禮。		政感。	行敏，左威衞長史。	行矩，易州司馬。		
		禪師，上騎都尉。		玄慶，陽武主簿。		
		璡。		怡。	悌。	
					濤。	彥方。

			玄起，鍾山丞。			
惲，監門冑曹參軍。				忛，蘄春令。	守虛，和津尉。	
詞。			諫，城固令。		津。	深，臨安尉。
倜，尉氏令。	俌。	巽。				

	祖欽，隋總管府長史、南縣子。			
	德琰。			
	文範。	文則，潁州司倉參軍。		
		延福，光山丞。		
協，溫王府參軍。		昱，清平丞。	翕璧，新野丞。	暠，南和令。
				岫。

				德璋，鄂州司戶參軍。		
				文敬，內鄉丞。		
嗣福，監門直長。		嘉福，餘干令。	彝福。	震，溧水尉。		
景祥。		曜，臯平尉。	寄客。	昭，武進丞。	紹，櫟陽尉。	循，來庭尉。
珵。	琇。		僥。		預。	暘，寧陵尉。

			弈字景世，後魏都官尙書、安平侯。	
			慶業，館陶令。	
			祖稱字叔衡，征虜將軍。	希仁字景山，北齊太子詹事、靈武文昭公。
			孝深。	公源，襲男。
		德瑛，河間令。		善願，右衛倉曹參軍。
		表慶，左翊衛。		彥之，羽衛尉。
		同十，壽陽令。		
宏，左補闕。	寔，內鄉丞。	齊志，鄖城尉。		

希騫字希義，後魏黃門侍郎、文惠公。					
元卿，隋淮陽令。					
大倫，散騎常侍。					
承嗣，鳳州刺史。					
紹先，洛州司戶參軍。			奉先，義王文學。		
嵇，當塗主簿。	岱，鄱陽尉。	畬，武康尉。	繼，碭山尉。		
壽餘。	君既，單父丞。	文炳。	芳時。	欣時。	昌時。

					義先，舒州長史。
嵑，大理評事。	嵒。		嶅。	仚，澤州司士參軍。	岳，澧州司田參軍。
	緄，臨海尉。	約。			可瞻。

					大儼。	大衍，雲夢主簿。		
						惠登。		
				祖先，宮門郎。		辟惡。	恭禮。	敬節。
昷，蘇州參軍。			畄，全椒丞。	詧，壽昌令。				
郟。	郇。	鄒。		曾，彭城丞。				

				仲卿，中山王開府諮議。	
			處惠。	文琬。	文立，右衛翊衛。
					公會，朗山尉。
敬業。	敬道。	敬瑜，潞州錄事參軍。			

文政，虢州別駕。						
思過，涇陽丞。		愼，淮陰令。	晉客，司農卿、元氏縣男。			
南容，周王府隊正。	當璧。	貞道。	貞悌，懷州司馬，襲男。			
忠順。	巖。		昌。		岩。	
			敏子。	賁子。	混。	儒子。

嵒，揚州別駕。						
湯。	清。					泳，建德尉。
	楚。	纘。	絢。	泱，睦州司倉參軍，孫孟嘗、信陵、潁士。	汪。	昕，義烏尉。

	源，河間丞。	汾，嘉興令。			
懽生若愚、遐，蘇州司法參軍。	環，無錫丞。	正諫。	正規。	五福。	得一。

貞簡，司農卿。					
崗，成武令。	樽。	珍。	岑。		
長倩。			和睦。	濬，武康令。	
				復慶，常州司戶參軍。	上士。

元善，襄州錄事參軍。

絳字深之，相憲宗，生璆、頊、璟。璆，河南府司錄參軍，生隱，字巖士。頊，衢州刺史，生軒，字德輿；轂字致之；軫字輝之。璟字重禮,宜歙觀察使、生讜兒、左庶子;愼微德鄴字朋言;少微;德休字表逸,相如令。

經,司農少卿,生瑜、昉、況、璩、義、揖、瑜生恰、長裕，鄱陽令。

忻。恰，湘潭尉；忻生連慶。昉，江陵少尹，生琚、蓬、防。琚，石山令；蓬，辰州刺史；防，漵州刺史，生覽、畫。

綃，江西觀察判官。生珮，

揚州參軍;珹,彭澤主簿;玩,虔州分巡官。

緷,雲都令,四子:璥、顓、陶、曖。璥,唐興令,二子:崇規、崇矩。崇矩生敬通、延通、敎通、乂

	貞愻，京兆府法曹參軍。 峯，和州司戶參軍。	貞恕，大理評事。 嵩，平原主簿。
通、俊通。 顯生崇丘、崇鼎。 陶，率更丞，生崇節。 曖，建德丞，生崇威、崇龜。		

	文乂，鄭丞。	文友，東城令。			
		守仁，永年丞。			
佺。		同愛。	惜。	恪，安平游擊將軍。	
				撙，右衛親府郎將。	抗，濛陽司戶參軍。

相，茂州參軍。

憬，秦州刺史。

拯，長洲尉。

象。

釭。

幼復。

陟。

文立，九門丞。

希禮字景節，北齊信州刺史、文公。

孝貞字賓王，太子舍人。

元操，隋馮翊太守、武安縣公。

		來王，散騎常侍。	師王。	讓王字撝道，襲武安縣公。	遵王。
		思諒，金部郎中。			
		敬忠，許王府典籤。			
暕，都水使者。	昭。	晈。			
瓊，易州參軍。					

震，大理丞。					彬。
端，臨川尉。生虞、仲，字見之，中書舍人。	琨，穀熟令。	爽，一名奭。	韶。	戎生殷、正範。	

			敬節，洛州司士參軍。
			皓，許州司馬。
昂，倉部員外郎。			松年，常熟尉。
胄，比部郎中，生乂、重。乂，監察御史。	翼。	房，陸渾尉。	

龜年,京兆府司戶參軍。

鈞,臨潁主簿,生存範、存誠。存範,檢校金部員外郎,生嵩,濮陽主簿。存誠,中牟尉。

鏦,河西令。

鉉。

涇。

						曉。	昕，汴州長史。
		鶴年，和州司馬。					逢年，司農卿。
澂。	錤，餘杭主簿，生存亮。	湜。	清，和州長史。	涉。	涗。		鉦，綿竹丞。

						堯年，會稽令。	
鎮，越州參軍。	鋗。	鑄，越州錄事參軍。	鏞。	鐶。	錞，河南參軍。	銳。	鋒。

		思言，堂邑令。					敬同。	敬宗。
		敬玄，平陽令。	敬本。	敬一。				暉，南充尉。
		子公。		暹。	濯。	潤。		柏舟。
鎚。	銛，句容尉。		回。					

				敬之，郯王騎曹參軍。			敬彝，宣城令。	敬臣。
晦。	望仙。	夢周。	浮丘。	少彌，頓丘尉。	晞。	曎。	祤，南皮尉。	愿。
								恕。

						允王，武安尉。		
						崇業，滑州司戶參軍。	崇德，給事中。	
							謙，定州長史。	
	盈。		檀陀。	僧伽。			迅，襄城丞。	迥，臨汾主簿。
懷。	倚。	運。		偃。	倨。			

		誠，大理少卿。				
造，左威衞錄事。		進，樂壽令。	選，常州別駕。			
幼積。	繼武。		彥，太湖令。		哲，常州錄事。	
			儒。	處厚。	士約，蕭山令，生	邠。

	臻，洪州參軍。		況。	湑。	泚。	洽。	湛。
從約，錢塘令，生部、郁、郇。	摽。	端友。					

浼，左金吾兵曹參軍。

符。

湍。

渢，閬尉。

坦。

埴。

諶，鄂州司戶參軍。

遷，益都令。

堅。

孟宣，蘇州錄事。

生、鵬、鎬、鑯、擢、損、勗、勔、叔玉、武、式。

	孝甚，隋晉王文學。			
	野王，魯郡功曹。			
	鎮惡，襄城令。			
	偘，台州司法參軍。			
晀，冀州刺史。	昭，鄎城令。	還，大理評事。	逢，柘城令。	逌，安州錄事參軍。
惟賢。				

		嶠字巨山，相武后。			
晤，伊闕尉。		暢，相州刺史。	裕，海州刺史。		粲，濮州刺史。
惟微，淮陰令。	惟清，鹽城令。	惟和，大理司直。	惟寧。	惟戚。	
	伯容。	琰，合肥令，生長倩。			

		東王，衡水令。						
		守文。						守節。
		蘭客，蔚州長史。						
懿，華陰郡太守。		奉泌。	奉胤。	奉冑。	邵。	彥輔，固安丞。	彥莊。	
惟岳，監察御史。	惟乂，新安主簿。							

孝俊，隋清池令。					
壽王，司勳郎中。			勤王，襄令。		
翁父。	翁孫。	翁叔。	世徽，零陵令。		
			嘉祚，衞州刺史。		
			渙，美原丞。		澮，鄆州長史。
			銑。		銛，南梁州司功參軍。
			道遇。	朏，壽王府參軍。	聽希，屯田郎中。

	沉，右衛長史。	注，河池郡太守。			
		鍠，金吾錄事。			
端，饒州刺史，生域。		瑰。	珣。	璟，饒東主簿。	瓘，江陽令。

觀王，晉州刺史。					贊王，蘭州長史、濮陽男。	
休徵，東安主簿，以勤王次子繼。					處約。	處秘。
嘉會。	嘉淳。	嘉貴。				
	多侯。	演。	珩。	仲子。		

處義，都水使者。	處恭，烏江丞。							
楚。	瓌，睦州司馬。	璲，括倉尉。				珽，屯留丞。		
華。	鋭。	釗。	鐶。	鉽。	鎬。	鍠。	鎮。	錄。

	有意，猗氏令。						
	琬，鹽城令。				琰，湯陰主簿。	琛，胙城主簿。	瑗，安次尉。
鍾。	莘。	葩。	芳。	芬。			蒿。
				高岳，衡州長史。			

			孝威，隋大理少卿。			
			大眞，趙州刺史。			
			構字承業，齊州刺史。			承訓，杭州司功參軍。
			逸客，蒲城令。		踐一，泌陽丞。	
荷。	芊。	萬。	怡顏，衡水尉。	澤。		
			鶴。	辯，以怡顏長子繼。		

恪字承敬，汴州司功參軍。

仙客。

踐忠。

倚，澤州安平府別將。

寬。

翹，大理評事。

瑞。

珮，硤石主簿。

		踐義。			
	演開。	怡，涇丞。			佋，左驍衛兵曹參軍。
	亮，淮西節度參謀、監察御史。	弘簡。	弘素。		
璹。			能，寶應尉。	椅梧。	

傕。

俌，玉山尉。

伋，萍鄉令。

太初，許州司馬。

宣道，臨汾丞。

延孫。

延祚，蓨令。

縯，湯陰尉。

紓。

縱。

澤，陸渾尉。

應，蘇州刺史。

敬彝。

				太沖，雍王友。	
		宣德，許州司馬。		固字宋業，翊衛。	
		延祐，信王府功曹參軍。		元珪字如玉，邢州司士參軍。	
		湊，蘭州長史。	泌。	伯成。	恆。
			繁，懷州錄事。		
敬。	行餘。				

	隆業，藍田丞。		嗣業，同州司功參軍。		
	重丘，博州參軍。	重光，翊衞。	虛己，安邑令。		
幼。		唐卿。	萬，萊州倉曹參軍。	韶，延陵丞。	莒，越州錄事參軍。
		璩。			

		延業，洪洞令。	昭業，冀州士曹參軍。	宣業，麟遊令。	
恕己，典設郎。		光紹，揚州錄事。		庭秀，正平令。	
華字遐叡。 叔，吏部員外郎。		愍，眞定簿。		潤，淄川尉。	翊。
	肇，大理評事。				

知業。	慶業，陝州司兵參軍。					
	庭光，棣王屬。					
	誅。	諲，鄆州司功參軍。	諄。	龢，城父令。		珙，監利丞。
				宗師。	從古。	

紹先。				敬業，汲令。	
崿。	峯，滑州司倉參軍。	嶷，眞定令。	嵷，恆州司法參軍。	志廣，房陵主簿。	
				鄒，著作郎。	
				璹，京兆府功曹參軍。	琚。

孝衡。

素王，隋左親仗。

仁亮，於潛令。

延安，潞州司倉參軍。

鉉，舞陽尉。

琮。

鎔，鄴令。

徽，靈寶尉。

弘慶、弘範。

弘慶，金州刺史，生慎知。

詢，宋城令。

準。

璘，大理評事。

積善。

琇，任城令。

犨，奉先丞。

				延固，安陽令。			
彊誠。	鑾。	表質，密州司倉參軍。	鍪，長洲尉。	鑒，槀城令。	鉅，新息尉。		
					璩。		
						襲慶。	翟。

仁濟，櫟陽令。					
延嗣。			延宗，棣州刺史。		
若思。	九思，廣州司馬。		伯思，深州長史。		仲思，藍田尉。
	宅相。	寶鼎。	瑄。	玢，臨朐令。	玘，臨濟府司馬。
					敬道。

琳，河南府參軍。		璆。	璩，獲嘉尉。		瑅。	珽，巴州司馬。
復，司農寺丞，生睦護。	文通，生友直。		從規。	從矩。		

		叔思，廬州司馬。	再思，廬州司馬。	
璠，金吾將軍。	幼廷，連州錄事參軍。			璲，潭州司戶參軍。

					延節，長沙尉。	延喜，兵部郎中。	
			季思。	昭思。		進思。	
瓛，南陵令。		理，大理司直。				紹，金吾長史。	
錫，襄城尉。	從，湘鄉尉。	輔弼，涼州參軍。				惟忠。	惟孝。

				惟省。
		儼思，荆州司功參軍。	鍠。	
			鈴。	
		令思，蕭山丞。	嵩。	
			㟧。	
		敬思，上輕車都尉。		
仁緯，東光令。	同恩，江州刺史。	參，潞州長史。	諷。	

			延之，坊州刺史。			
		偃，綿州參軍。	蘭，鄜尉。			
評，大理評事。	論，汜水丞。	廣利。	充，伊闕令。		良，光祿丞。	永。
			昭，興安丞。	暐，萬年尉。		

			延祐，益州司士參軍。			
	退思，駕部員外郎。	均，懷州參軍。	輞，趙州刺史。		韜，壽王記室。	
卞。		子章，趙城尉。	武，大理評事。	眞。	漸，嘉興尉。	
					承規，生彰明。	士規。

		仁彊。					
		延休，華州長史。					
	期，襄城令。	亢，慈州別駕。					
瑕之，端州刺史。	粹，盧城令。	弈。	濈，峩眉令。		濟，都昌尉。	潛。	
			倈，肥鄉丞。	元用。	元成。		士矩。

	延紀，常州司功參軍。					
	正辭，六合令。			廸，新鄭尉。	述，東海尉。	朝昇。
茂實。	弨字存誠，江夏令。	弣，安吉尉。	弼。			

		延載，平遙令。					延昌。
正議，全椒令。		懌，益州錄事參軍。	悍，臨渙丞。		惇。	懻。	瑗，阜城尉。
招。	元輔。	懍，新興尉。	潩，餘干令。	弁。			俛。
		綬。					

				延雍，衢州兵曹參軍。
信。	倫，范令。	偶，宋州參軍。	準，苻離丞。	
	鄭卿，襄陵尉，生諫，信豐令。	君仲。		

脩基，後魏陳留太守。									
羡策，秀才。									
鴻鸞，河間太守。									
士永，清河太守。									
希寔，通州長史。									希傑，阜陵太守。
孝通，鉅鹿太守。									仲德。
那舍，翊衞。			善意。	善守。	君威。	君協。	君遵。	慈師。	
弘睿。	弘操。	守藏。							

						士安，行臺郎中。	士儁，本州主簿。	叔綦，秦州外軍參軍。
希彥，趙州別駕。					希猷。			
道常。		德珪。	義珪。	信璋。	元素。			
公瑜，漢王參軍。	君淑。				孝德。			
遜言。								

				研字探幽，高平太守。				
				元則，幷州長史。				
				文殊，高平太守。		孝叡，鴈門太守。		
希文				德潤。		德延，漳南令。		
				彥雲。		治端，同州倉曹參軍。		
仲貞。	觀達。	仲質。	季確。	守順。	守行。	玄徽。	玄恪。	玄朗。
		文長。	君逸。					

				曾字慶子，後魏趙郡太守、柏仁懿子。		
				祥字元善，中書侍郎、平棘憲子。		
				安世字德含，相州刺史、假節，趙郡公。		
				瑒字琚羅，岐州刺史。		
				撝，清河太守。		
		德義。		君正，南皮令。	君偉，朝請大夫。	君游。
	治高。	鏡。	素民。	志道，兵部郎中。	陳師，清河令。	
玄肅。				思仁。	思禮，長城令。	

孝伯,後魏秦州刺史、宣城文昭公。					
豹子,中山太守。					
叔讓,湖州長史。					
孝緒,後周芮城令。					
延壽,隋儒林郎。					
璣衡,荆山丞。					
仁潁,都水丞。					
詳,太子少保。					
弁,渭南尉。				交。	中,監察御史。
紇。	紓。	縷。	縱。	納。	緝。
					薦三子:詢古、延嗣、龜謀。詢古字垂卿;延嗣字耀

卿；龜謀字直卿，生技，字有之。

輯。

丹，浙西觀察使。

袞，祕書郎。

君系。

訥，左庶子。

何忌，諫議大夫。

事舉，蘇州刺史。

續，曹州刺史，生近仁、體仁。近仁汝州刺史，生煦、薰，煦字

	諶，監察御史。		
居中，光祿主簿。	懿，浚儀尉。	子父，上黨令。	
			秉融。體仁江州刺史，生崇鼎、成彥，崇鼎字重周。

						仁軌。	仁則。
		誠，河南府法曹參軍。		謙。	詵。		汨。
準，常州司士參軍。	遇，江都尉。	仲連。	秀。				旭。
位。							奉初。
							存。

	孝約，司徒錄事參軍。	孝純。
	子行，豫州刺史。	子廉。
	玫。	瓌。
	師本。	師幹。
		玄珪。
達。		

東祖之後又有謂。

謂，隋南和公。	
爽，左金吾衛將軍。	
震，太子中允。	
光朝，鄂州司馬。	
仲塾，鹽鐵判官、兼監察御史。	
珏字待價，相文宗。	
階，度支判官、兼殿中侍御史。	弱翁，鹽鐵判官、兼監察御史。

諧字昌之，兗海從事、校書郎。

愈，密尉。

西祖勁字少黃，晉治書侍御史。二子：盛、隆。

盛，中書侍郎。

纘字緯業，太子祭酒。

延字紹元，後魏假趙郡太守。

建。

公淹，右司郎中。

自勗，膳部員外郎。

自挹，杭州刺史。

令志。

		連。		
		搏，固始令。		
		惠明，熊州司倉佐。		
		大智，新政令。		
		尙一。	尙貞，博州刺史。	乂字尙眞，中山貞公。
藏諸。			悊，益州司馬、知留後。	寧。
雄。	萱，絳州刺史。			

龜字神龜，後魏州主簿。			
鳳林。			
裔字徽伯，以秀林子繼，陝州刺史、固安縣伯。			
子雄，隋河北道行臺兵部尙書、高都郡公。			
公宏。			
	宿，緱氏尉。	審，左司郎中。	宙，殿中侍御史。

				休字紹則，後魏散騎侍郎。
				詵字令世，京兆太守。
		秀林，後魏定州大中正。		
		伯茂。		
公挺，襲高都郡公。				士衡，趙州刺史
世辯。	緯，戶部尚書。			
		景昕。		
		仲雲，左司員外郎。	叔雲，監察御史，生摸。	

襲。		
閣。		
傑。	侔。	
	恃顯。	恃和。
		彥琮，趙州長史。
		嗣眞，太常卿。
公敏。		默之。
懷遠，相武后。		
景伯，禮部侍郎，生彭年、喬年。彭年，吏部侍郎，生收、孚。收，給事中。喬年，右司郎中。		

隆字太彝，後魏阜城令。		
謀，幕令。		
昞，始平太守。		
伯膺，東郡太守。		
弘節，北齊廣平郡守。		
道謙，太府卿。		道信。
思恭，韶州刺史。	去伐。	齊莊，倉部員外郎。
同亭。		知讓，長水主簿。
渙。	洽，兼御史中丞。	承胤，江州別駕。
		嶷，右武衛錄事參軍。
		巽字令叔，吏部尚書、度支鹽鐵轉運使，生紹、繼、紵、編、緘。紹，鳳翔節度判

	謀，孫元稱，後魏廷尉。	
	孝恭。	
	懷柔。	懷宗。
	祖威，倉部郎中。	君逸，隋謁者臺
	思行，嘉州刺史，樂安公。	肅然。
	辟邪，陝州刺史。	載。
		栖筠字貞一，贊
		老彭，侍御史。
官。繼，京兆府參軍，生荊、薦，荊字處中，薦字茂穎。緘字德高。		

郎。

皇文獻公。

吉甫字弘憲，相憲宗。

德脩，楚州刺史。

德裕字文饒，相文、武。生椅、渾、燁。

渾比部員外郎。

燁郴尉，生殷衡、延古。殷

	自然。				
	玄乂。				
	叔度，左諫議大夫。				叔儀。
衡右補闕，延古司勳員外郎。	恭懿。	行諶。	行敏。	行恭生啓。	

遼東李氏：璣少子齊，趙相，初居中山，十三世孫寶，字君長，後漢玄菟都尉，徙襄平。生雄，車騎長史。生亮，字威明，原武令。生敏，河內太守。生信。生胤，字宣伯，晉司徒、廣陸成侯。生固，字萬基，散騎郎。生志，字彥道，陽平太守、嗣廣陸侯。弟沉，沉孫根。

根，後燕中書令。		
宣，鄴郡守、龍驤將軍。		
貴，後魏征東將軍、汝南公。		
永，太中大夫。		
弼字景和，後周太師、隴西武公。		
耀，開府、邢國公。		
寬，隋梁州總管、蒲山公。		偉，左千牛衛將軍。
密字玄邃。	匡民。	檀，亳州刺史、燉煌公。
知古，右臺監察裏行。		暕，永陽郡長史，襲燉煌公。
		鐈字浩，清江、汧陽太守，襲燉煌公。
		澄，義成節度使、武威郡王。
		克寧。

	暉。	安。	衍，後周太宮伯、眞鄉夙公。		
			仲威。		
				承休。	
				泌字長源，相德宗。	
溫，太僕少卿。				組，高陵尉。	繁，和州刺史。

								綸。	
				仲文。	仲武。	義方。	仲賢。	長。	稚。
						元通。			
			昂。						
緗，咸陽尉。	紩，涪州刺史。	絢，華州文學。							

知古。

翁歸。

晏。

椿。

祖光。

元素字大祁，戶部尚書。

江夏李氏：漢酒泉太守護玄孫昭，昭少子就，後漢會稽太守、高陽侯，徙居江夏平春。六世孫式，字景則，東晉侍中。生嶷。嶷生侚，字茂仲。生矩，字茂約，江州刺史。生充，字弘度，中書侍郎。生顒，郡舉孝廉，七世孫元哲。

元哲，徙居廣陵。

晉，蘭臺郎。

邕字泰和，北海太守。

岐。

正臣，大理卿。

漸。

師諒。

	昉。				
	璞，鄆州司戶參軍。				
	暄，起居郎。			潁。	
鄘字建侯，相憲宗。	鄆。		正卿。	正叔，工部員外郎。	
拭，起居舍人。			公敏。	翹。	
磎字景望，相昭宗。		沆字映之。	潛字德隱。	謣字德遠。	師稷。
沆字東濟。					諧字思翰。
					韞字內文。

漢中李氏：漢東郡太守、太常卿武孫頡，後漢博士，始居漢中南鄭。生郤，字孟節，司徒。生固，字子堅，太尉。生三子：基字憲公，茲字季公，燮字德公，安平相。十二世孫德林。

德林，隋內史、安平公。				
百藥，禮部侍郎、宗正卿、安平文公。				
安期，相高宗。				
宗師，郪城令。		宗臣。	宗玄。	宗㬎。
羲仲，中書舍人。				容成，壽春太守。
泳。				
浴。	藷。			

力牧，餘杭太守。		夷吾，竟陵太守。	
良相。	良卿。	幹，同州司戶參軍。	
		端。	序，殿中侍御史。

趙郡李氏定著六房：其一曰南祖，二曰東祖，三曰西祖，四曰遼東，五曰江夏，六曰漢中。宰相十七人。南祖有游道、藩、固言、日知、敬玄、紳、元素；東祖有絳、嶠、珏；西祖有懷遠、吉甫、德裕；遼東有泌；江夏有鄘、磎；漢中有安期。

校勘記

〔一〕儉生相州刺史昌寧公平二子道生道開　按魏書卷二五長生道生傳，道生爲嵩從子，與嵩同事魏道武帝；又查周書卷二六長孫儉傳，儉仕於北周，嵩爲儉五世祖。此言儉爲道生祖，嵩爲道生六世祖，豈祖爲北周臣，而其孫乃先百數十年與遠祖同事北魏開國之帝？待考。

〔二〕藩　各本原作「潘」，據本書卷一六九及舊書卷一四八李藩傳、白氏長慶集卷六八海州刺史裴君夫人李氏墓誌銘改。